AF452257

LE
THEATRE
DES ANIMAVX,

AVQVEL SOVS
DIVERSES FABLES ET
Histoires, est representé la pluspart
des actions de la vie humaine.

Enrichy de belles Sentences tirées de l'Escriture
saincte, & orné de Figures, pour ceux qui
ayment la Peinture.

A PARIS,
Chez GVILLAVME LE BE',
ruë sainct Iean de Beauuais, prés le
puits Certain.

M. DC. XLV.

AV LECTEVR, SALVT.

PVIS qu'ainsi est que sous plusieurs fables & gentilles inuentions, nous sommes admonestez de nostre deuoir, voire-mesme que nous en receuons des conseils tres-vtiles, pour auec prudence, eslire en quelle façon nous nous deuons gouuerner en la pluspart de nos actions, ce n'est point sans raison que plusieurs personnes se sont efforcées de nous les faire voir, les vns en prose, les autres en vers, & quelques-vns auec la peinture. Pour auec ceste diuersité nous les rendre plus familieres & aisées à retenir, & pour nous en souuenant, auoir tousiours qui nous conseille à nostre besoin, ou bien en les mesprisant, auoir qui nous reproche nostre mauuais naturel. Ce n'est donc point sans profit que ce Liure t'est presenté, duquel tu ne peux receuoir que contentement, & principalement la ieunesse à laquelle la lecture sera prompte, chaque histoire ou fable n'estant plus longue qu'un Sonet, & pource tres-aisée à retenir, ce qui les conduira (en ce faisant) sans y penser, & auec plaisir, à receuoir vne prompte resolution en toutes leurs affaires : mais aussi recognoistre en quelle façon ils se doiuent gouuerner auec vn chacun. Quant aux figures, ie croy qu'elles seront agreables, tant pour induire à apprendre la peinture, ceux qui y ont desia quelque inclination, que pour esmouuoir les autres à s'y employer : La peinture estant tres-necessaire à ceux qui veulent paroistre par la beauté de l'esprit. ADIEV.

Que vos mœurs foient fans auarice, eftans contens de ce que vous auez
prefentement.   Heb. 13. 5.
Sois content de ta gloire, & fois affis en ta maifon.   4. Reg. 24. 10.

DV PAON, ET DV ROSSIGNOL.

VN Paon tout orgueilleux, voyant le beau plumage
 Dont il eft reueftu & par tout bigarré,
S'eftimoit plus que tous, & n'euft à nul cedé,
Si d'vn doux Roffignol n'euft ouy le ramage.
Alors droit à Iunon il va fe plaignant,
 Ie te fupplie, dit-il, ô Royne ma Deeffe :
Octroye-moy vn bien, car ie meurs de trifteffe,
 Si du gay Roffignol ie n'imite le chant.
Ie ne puis, dit Iunon, fois content de la grace,
 Que tu reçois des Dieux, ayant vn beau plumage,
 Tu vois le Roffignol de fon chant eft content.
Et fans eftre enuieux à rien plus il n'afpire,
 Car celuy-la viura en eternel martyre,
 Qui le bien d'vn chacun va toufiours fouhaitant.

Ne croi iamais à ton ennemy, car sa malice s'enrouille comme le metal:
Et combien qu'en s'humiliant il chemine courbé, retire ton courage, &
garde-toy de luy.　　　　　Eccles. 12. 10. 11.

DES BREBIS, LOVPS ET CHIENS.

LEs Brebis auoient guerre à l'encontre des Loups,
Et force bons gráds Chiens estoiét pour les deffendre:
Les Loups demandent paix, & pour mieux les surprendre
Promettent leurs petits, sans qu'vn reste de tous.
Eux demandent les Chiens: & ces propos si doux
　Ainsi qu'elles pensoient, les y font condescendre:
　C'est la paix, disoit-on, qu'on ne vienne entreprendre
　A l'enfraindre, ou iamais qu'on ne pense estre absous.
Lors les Loups sur les Chiens, & dessus les oüailles
　Les Louueteaux harpez leur ouurent les entrailles,
　Où toute cruauté leur sert de passe-temps.
Donc contre l'ennemy que tousiours on s'efforce
　D'estre fin & prudent, & de garder sa force
　Contre ceux qui sont faits pour mal faire en tout temps.

Si tu fais bien, sçache à qui tu le feras, & grande grace sera en tes biens:
fais bien au iuste, & tu trouueras grande retribution. Ecclef. 12. 1.2.

Du Lyon, & du Rat.

COmme vn Lyon eut fait à vn Rat quelque bien,
 Eſtant à ce pouſſé de nature gentille,
 Tombe dans vn filet: où, bien qu'il ſoit habille,
Si ne peut-il que faire, & ſi trauaille bien.
Car ce pauure Lyon deſſous vn tel lien
 Eſt là qui ſe tempeſte, eſt là qui s'entortille,
 Rugiſſant, & mettant & la force & le ſtille,
Pour s'en mettre dehors, mais il n'y gaigne rien.
Le Rat oyant ſon cry accourt viſte à l'attrape:
 Il ronge les cordeaux, & le Lyon eſchappe,
 Et puis promet au Rat tout plaiſir en tous lieux.
Les petits quelquefois encor pourront bien eſtre
 Neceſſaires en tel lieu, où ils feront paroiſtre
 Aux Grands, l'vtilité qu'ils auront receu d'eux.

Orgueil est deuant la destruction, & la hautesse d'esprit deuant la ruine.
Prou. 16. 18.
Tu as humilié l'orgueilleux comme le nauré.   Psal. 88. 11.

De la Grenoüille, & du Bœuf.

LA Grenoüille voyant dedans vne prairie
  Vn Bœuf gras pasturer, aussi-tost elle l'assaut,
A sçauoir, s'esleuant contre luy d'vn grand saut,
Et son sang qui luy bout la met en grand'furie.
Et des-là plus auant entre en forcenerie,
  Qu'elle peut estre telle, estimant qu'il ne faut
Pour l'esgaller, sinon leuer le nez plus haut:
  Quoy faisant, & s'enflant, elle est soudain perie.
Pauurette, dit le Bœuf, dequoy te fut-il mieux
  Estant ainsi que moy? las! quel mauuais affaire
  A trauaillé ton corps, dont tu n'auois que faire.
Celuy qui se contente est vrayement bien-heureux,
  Le petit plus qu'vn autre, estant certain qu'il n'entre
  Dedans vn petit corps autant qu'en vn grand ventre.

Ton arrogance & l'orgueil de ton cœur s'a deceu.   Ierem. 49.16.
Malediction ſur vous qui dites le mal eſtre bien, & le bien eſtre mal. Eſa.5.20.

Du Cerf ſe mirant en l'eau.

VN Cerf blaſmoit ſes pieds, & ſes cornes tortuës
    Loüoit iuſques au Ciel, ſe mirant dans les eaux :
Mais venant à paſſer deſſous des arbriſſeaux,
Ses cornes s'y accrochent, & ainſi on le tuë.
Or aux derniers abbois ceſte beſte abbatuë
    (Comme les Chiens courans la mettoient en morceaux)
Eſtant lors hors du ſens, en ſes horribles maux,
A tenir ces propos lors elle s'eſuertuë.
Las ! ie blaſmois mes pieds qui m'ont touſiours ſauué :
    Et ce gemeau branchage, ah ! par trop eſleué,
Eſt la cauſe par moy, que ma vie eſt rauie.
Ainſi reiettons-nous la choſe qui nous ſert :
    Ainſi aduoüons-nous la choſe qui nous perd :
    Ainſi l'orgueil deffait le ſouſtien de la vie.

Ne requerir

Voicy, tu te confies sur ce baston icy de roseau rompu sur Egypte, sur lequel si
l'homme s'appuye, il entrera en sa main & la percera: ainsi est Pharao le
Roy d'Egypte, à tous ceux qui se fient en luy.　　*Isay. 36. 6.*

DES COLOMBES, ET DE L'ESPREVIER.

LE Milan guerroyoit contre les Colombelles
　　Sans tréfues ny repos: & celles-cy iamais
　　Ne pouuoient tenir l'air, que cét oyseau mauuais
　　N'allaft les desmembrant de ses serres cruelles.

Les pauurettes adonc, prennent aduis entr'elles,
　　Ce qu'elles auoient affaire, & pour rachepter paix
　　S'en vont à l'Espreuier le prier desormais,
　　Qu'il vueille estre le Roy de leurs troupes fideles.

Cét affamé l'accepte, & tout soudain apres
　　Tous ces pauures Coulombs s'en vont tous massacrés
　　Dessous la cruauté de l'Espreuier ramage.

On ne doit s'esbahir de voir vn cruel Roy,
　　Commettre laschement, quand il manque de foy,
　　Sur ses pauures subjets toutes sortes d'outrage.

Il a ouuert vn puits, & l'a foüy : & eſt cheu en la foſſe qu'il a faite. Sa dou-
leur ſera conuertie ſur ſa teſte : & ſon iniquité deſcendra ſur le ſommet de
ſon chef.   Pſal. 7. 16. 17.

DV CERF, ET DV CHEVAL.

VN glorieux Cheual taſchant de ruïner
    Vn Cerf des mieux courás, vient à prier vn homme
De l'aider à deffaire, & qu'il eſt preſt en ſomme,
    Sous luy, d'aller où c'eſt qu'il le voudra mener.
Or l'homme eſtant deſſus le vient eſperonner,
    Tellement qu'il arriue à ce Cerf, & l'aſſomme :
    Quoy voyant le Cheual grandement le renomme,
    Le priant de vouloir ailleurs s'acheminer.
Mais l'homme n'en fait rien : ains ſi bien le maiſtriſe,
    Qu'il en fait ce qu'il veut, & puis il le deſpriſe,
    Luy chargeant tant le dos qu'il en meurt ſous le faix.
Tels meritent donc bien (qui faiſoient tant des braues,
    Et pour nuire à autruy ſe ſont rendus eſclaues)
    Par ceux-là qu'ils portoient, d'eſtre du tout deffaits.

Celuy qui croit de leger, il eſt leger de cœur, & amoindrira. Ecclef. 19. 4.
Car tout trompeur eſt en abomination vers le Seigneur. Prou. 3. 32.

Du Regnard, & du Bouc.

LE Bouc & le Renard allans en vn voyage
   Eurent ſoif, & pour boire entrerent en vn puits.
Mais peu apres le Bouc dit au Regnard, ie ſuis
En grande perplexité d'eſtre icy pris en cage.
Le Renard reſpondit, non, non, prend bon courage,
   Ie te mettray bien-toſt hors de tous ces ennuis :
Seulement leue-toy, baiſſant la teſte, & puis
Ie ſortiray dehors pour te faire paſſage.
Ce fait, le Regnard dit : que n'as-tu compagnon,
   Autant d'entendement que de poil au menton,
Tu te fuſſes vrayement de la priſe apperceuë.
Ainſi l'homme aduiſé ne fera iamais rien,
   Que deuant toute choſe il ne regarde bien,
Ayant à propoſer, quelle en ſera l'iſſuë.

Les membres du corps qui semblent estre plus debiles, sont beaucoup plus
necessaires.   1. Cor. 12. 22.

Du Lyon, & de l'Ours.

Ainsi que le Lyon eut fait commandement
    Aux siens de s'apprester à la guerre ordinaire,
Vn Ours luy demanda de l'Asne, en quelle affaire
Il pourroit s'en seruir en son lourd portement.
Dauantage le Liévre qui a incessamment
    Le cœur glacé de peur, que pourroit-il donc faire?
    Le Lyon respondit, qu'à grand force de braire
L'Asne espouuanteroit les Oyseaux grandement:
Et puis de l'ennemy ayant eu la victoire,
    Le Liévre à poinct viendra pour l'affaire notoire
    Par sa grande vistesse à tous, & vn chacun.
Ainsi l'homme aduisé de toute chose ordonne
    Si bien, qu'il fait seruir la plus vile personne,
    Par sa bonne conduite au profit du commun.

Il l'a suit comme le Bœuf qui est mené au sacrifice, & comme l'Agneau
sautelant & ignorant comme fol qu'on tire aux liens.   Prouerb. 22.

De la Soury de la ville, & de la Soury champestre.

Vne Soury de ville ayant esté traictée
   D'vne Soury des champs auec vn peu de pois,
Requist à ceste-cy de venir quelquefois
En sa maison la voir, comme elle l'a visitée.
Elle y vient, & voyant force viande apprestée,
   De bled, de chair, de suif, de marrons, & de noix :
   Et d'autre-part oyant vn vallet tant de fois
Empescher leur repas, elle en est desgoustée.
Si dit la villageoise, ô combien i'ayme mieux
   Sans peur d'estre chez moy, que non pas en ces lieux,
   Bien qu'on y voye encor que tout bien y abonde !
Il est donc bien-heureux qui vit petitement
   En sa maison, en paix, hors de l'estonnement,
   Du soin & du trauail, où les Grands sont au monde.
B iij

Le Seigneur ne trauaillera point de faim l'ame du iuste : mais renuersera l'embusche des meschans.   Prou. 10. 3.

De l'Oyseleur , & de la Tourte.

AV temps de la moisson vn grand preneur d'oyseaux,
    Sous des roseaux caché tendoit à la pipée :
Et pensant bien-tost voir vne Tourte happée,
Il sent sa iambe prise autour de ses cordeaux.
Car vn bien long Serpent sort d'entre ces roseaux,
    Qui vient à se ramper sur sa plante attrapée ,
    Et le mord à la mort, donc la Tourte eschappée
Laisse cét oyseleur se plaindre sur ses maux.
Et puis elle luy dit : pauure homme qui ne cesses
    De guetter nostre vie auec tant de finesses,
    Que ton meschant dessein te vient bien à rebours.
Qui fait mal à autruy ne doit trouuer estrange
    Qu'il rencontre du mal, pour du mal en eschange,
    Et qu'il soit delaissé quelquefois sans secours.

Malheur est sur toy terre, de laquelle le Roy est vn enfant. Eccles.10.16.
Bien-heureuse est la terre, de laquelle le Roy est noble. Eccles. 10. 17.

Du Paon, qu'on vouloit faire Roy des Oyseaux.

LEs Oyseaux en Conseil, pour faire ellection
  D'vn Roy qui les regist, en vn iour s'assemblerent,
Et par vn beau matin ils en delibererent,
Sans beaucoup aduiser à sa condition.
Soudain le Paon leur vient en admiration,
  Pour sa grande beauté: pourtant ils l'entourerent
  Auecques reuerence, & puis le proclamerent
  Souuerain dessus eux à ceste occasion.
Mais la Pie leur dit, si quelqu'vn nous outrage,
  Qui nous assistera, puis que ce beau plumage
Est desnué du tout de force & de vigueur?
La beauté en vn Prince est certes peu de chose
  Au prix de la vertu qui doit estre r'enclose
  D'vne grande prudence au milieu de son cœur.

Ne cherches poi␣t les choses plus hautes que toy, & ne cherches point choses plus fortes que toy.   Eccles. 3. 12.

De l'Aigle, & du Corbeau.

IL estoit sur les fins des Garennes de Gorte,
  De beaux & gras Moutons, vn grand troupeau paissant,
  Sur lequel vient à fondre vn Aigle rauissant,
  Qui choisit vn Agneau de la trouppe, & l'emporte.
Vn Corbeau qui le void veut faire de la sorte,
  Et sans bien se sonder, s'estime assez puissant
  D'enleuer le plus gros, qui fait que s'efforçant
  D'emporter vn Mouton à la mort il se porte.
Car volant sur le dos, les pieds mal-asseurez
  De cét outrecuidé demeurent enserrez,
  Et lors sort vn Berger, qui là le vient surprendre.
Ainsi est-il d'vn fol qui ne se cognoist point :
  Il s'embroüille si bien, qu'il se perd de tout poinct
  A se haster par trop, et pour trop entreprendre.
                                        Ne sçauoir

*Quelle chose profite-il au fol d'auoir richesses, veu qu'il n'en peut achetẓr
sapience?*   Prouerb. 17. 16.

Du Coq, & d'vn Diamant.

COmme vn Coq de Paroisse estoit en quelque part,
　　A gratter à deux pieds & deuant & derriere,
Pour trouuer à manger dedans vne poussiere,
Qu'on auoit là iettée en vn champ à l'escart.
Voicy dessous ses pieds, sur le poinct qu'il l'espard
　　D'vn & d'autre costé, vne grande lumiere
　　D'vn Diamant brillant, comme l'auant- courriere,
Qui vient soudainement à toucher son regard.
Lors ce Coq le becquette, il le laisse, il l'enterre :
　　Et dit en le couurant : hé ! que sert ceste pierre ?
　　Combien vn grain de bled, est bien de plus grand prix.
*Par cecy on peut voir que c'est de l'ignorance,
　　L'homme dedans lequel elle fait residence
　　Haït tousiours la science, & la met à mespris.*

Que nous a profité l'orgueil? ou que nous a apporté la vanterie des richeſ-
ſes. Sapien. 5.8.

. Du Sanglier, & de l'Aſne.

VN Sanglier reprochoit à l'Aſne ſa ſimpleſſe,
   Qu'il ſébloit qu'il fut fait pour eſtre entre les morts,
Tant il eſtoit deffait, tant il auoit le corps
Fetard, lourd & peſant, & chargé de pareſſe.
Et mettant en auant vne gentille adreſſe,
   Qu'il auoit entre tous, comme des plus accords,
Et qu'il tenoit ſon lieu au nombre des plus forts,
L'Aſne à l'inſtant ainſi ſa reſponſe luy dreſſe:
Il n'eſt point de beſoin à l'Aſne de courir,
   Puis qu'il n'a point de peur qu'on le faſſe mourir
Comme toy, duquel l'ame eſt touſiours pourſuiuie.
Pluſieurs blaſment ainſi, ſans aucune raiſon,
   Les pauures ſimples gens, mais ſans comparaiſon,
Qui ſont bien plus heureux qu'ils ne ſont en leur vie.

Qui n'est point auec moy, il est contre moy : & qui n'assemble auec moy,
il espard. Matth. 12. 30.
Quiconque fait choses meschantes, hait la lumiere. Ioan. 3. 20.

Bataille des Oyseaux, & des bestes de la terre.

AYans tous les Oyseaux par ensemble arresté
　　De donner la bataille aux bestes de la terre,
Ceste Chauue-soury craignant en ceste guerre
La perte des Oyseaux, fut de l'autre costé.
Mais cest' armée legere, par sa dexterité
　　Dessus les Animaux, & de bec & de serre
Les choquant, les pressant, les fait fuyr grand erre,
Et la Chauue-soury pour sa desloyauté.
La miserable donc, depuis ceste rencontre
　　Iusqu'à ceste heure-cy de iour plus ne se monstre,
Ny n'oseroit plus estre où nul des autres sont.
A cét exemple icy, au moins que tous ces maistres
　　De toute iniquité (ie parle de ces traistres)
　　Ne se monstrassent point si hardiment qu'ils font.

Resistez au Diable, & il s'enfuyra de vous.   Iacob. 4. 7.
Prenans sur tout le Bouclier de Foy, par lequel vous puißiez esteindre tous
les dards enflammez du maling.   Ephes. 1. 16.

DV BASILIQ, ET DE LA BELETTE.

D'Vn antre fort couuert vn long Serpent sortoit
   Par fois en vn iardin, pour y penser surprendre
Vn ieune Beletteau qui venoit là se rendre
Tous les iours pour manger, & sans fin l'y guettoit.
La Belette tandis ne s'en espouuantoit,
   Mais icelle au contraire osoit bien entreprendre,
Au pas de son grand trou de se mettre, & l'attendre,
Et mesme dans son fort bien souuent l'arrestoit.
Car tousiours elle auoit vne branche de rhuë
   (On dit asseurément qu'vne telle herbe tuë
Tout Serpent venimeux) pour en couurir son corps.
Ainsi doit le petit pouruoir en son affaire
   En s'armant prudémment contre vn grand aduersaire.
Et par vn bon moyen rompre tous ses efforts.

Qui eſpargne la verge, il haït ſon fils : mais celuy qui l'ayme, il l'inſtruit ſans ceſſe. Prouerb. 13. 24. *La confuſion du pere vient du fils ſans diſcipline, & la fille folle ſera aneantie.* Eccleſ. 22. 3.

DV SINGE, ET DE SES ENFANS.

V N Singe eut deux Singeots qu'il print à grand amour,
　　Au moins l'vn : Car pour l'autre il n'eſtoit exercice
A quoy il s'addonnaſt qu'il ne luy ſemblaſt vice,
Ne luy ſouffrant chez luy de faire aucun ſejour.
Quant à l'autre Singeot il eſtoit tout le iour
　　A ſe donner plaiſir, à faire vne malice,
　　Il danſe, il ſaute, il tourne, il ſe rompt vne cuiſſe,
　　Puis le pere ſuruient qui ſe lamente autour.
Il le tient en ſes bras, & ſi fort il l'embraſſe
　　Qu'il rend tout roide mort ſon Singeot ſur la place,
　　Et plus qu'auparauant ſe met à ſe douloir.
Tels ſont les fols parens, leſquels ainſi aſſottent
　　Leurs malheureux enfans, & tant les amignottent,
　　Qu'ils les perdent du tout pour plaire à leur vouloir.

Mieux vallent les playes de son amy, que les baisers frauduleux de l'enne-
my. Prouerb. 27. 6. L'ennemy larmoye de ses yeux : & s'il trouue le
temps, il ne sera point saoulé de sang.   Eccles. 12. 16.

DV LYON, ET DV CHEVAL.

VN Cheual bien adroit emmy les champs reclame
　　Le secours d'vn Lyon qu'il voyoit affamé,
　　Faisant le Medecin expert & estimé,
Et n'estant, disoit-il, sans vn souuerain basme.
Donc le Cheual l'oyant, luy dit, ha! ie me pasme,
　　Ayant vn de mes pieds de derriere entamé;
　　Tu sois donc bien-venu Medecin bien-aymé,
Ie te prie m'assister de quelque cataplasme.
Lors le Lyon feignant en auoir grand'pitié,
　　Le Cheual luy desserre vn vilain coup de pied,
Laissant ce Medecin estourdy sur la place.

Celuy qui cherche à nuire, & cauteleusement
　　Tasche de paruenir à son fol pensement,
　　Bien souuent est deceu sous vne autre fallace.

Il trompera les trompeurs, & donnera grace aux debonnaires. Prou. 3. 34.
Lequel prend les sages en leur finesse.   Iob. 5. 13.

Du Regnard, & de la Gruë.

VN Regnard auoit fait dans vne platte escuelle
    Du papin pour la Gruë, ayant à la traitter:
Or elle ne pouuant pour son bec en taster
    Le Regnard mange tout, & puis se mocque d'elle.
Or elle luy en baille au souper d'vne telle,
    Faisant dans vne courge vn tel mets apporter;
    Et lors prie le Regnard qu'il en vueille gouster,
    Et qu'il estoit fort bon pour guarir sa ratelle.
Lors y mettant son bec elle en prend bonne part,
    Car elle aualle tout, puis demande au Regnard
    S'il n'est pas bien traitté, le priant qu'il responde.
Qui se met à tromper, respondit-il, trouuera
    Vn aussi fin que luy, lequel le trompera:
    Car assez qu'il y a des trompeurs par le monde.

Il a besongné puissamment par son bras : il a dissipé les orgueilleux en la pen-
sée de leur cœur. Luc. 1. 51.

L'Homme, & le Lyon.

VN Homme & vn Lyon, ensemble deuisans
　　De leur force & vertu, en vn lieu arriuerent,
Où vn Lyon taillé dans vn pillier trouuerent,
　Qu'vn Homme auoit occis, ce qu'ils sont regardans.
L'Homme de l'Homme alors loüa les faits puissans,
　Monstrant qu'à ce Lyon ses forces trop greuerent :
　　Or enfin peu à peu, si fort ils disputerent
　Que l'Homme du Lyon sentit les coups nuisans.
Or sus, dit le Lyon, puis qu'ainsi tu te vantes,
　La force tu sçauras de celuy que tu hantes :
　　Et l'ayant abbatu, luy fit souffrir la mort.
Vn glorieux vanteur, qui ne cesse de dire
　A vn chacun ses faicts, & loüange en desire,
　　Sent souuent l'aiguillon d'vn autre qui le mord.

Lequel fait regner l'homme hypocrite, à cauſe des pechez du peuple.
Iob. 34. 30.

Des Grenoüilles, & de leur Roy.

LEs Grenoüilles prioient qu'on pourueut leur contrée
D'vn Prince debonnaire : à l'inſtant à leur voix
On leur iette en leur mare vne piece de bois
Qui fait dedans leur bourbe vne Royale entrée.
Les Grenoüilles voyans la face ainſi veautrée
De ce beau nouueau Roy (bien humain toutefois)
Non, nous ne voulons point, diſent-elles des Rois
Ayant auecques nous vne ame ainſi poutrée.
A la fin on leur baille vn Cigogneau, qui vient
En aualer autant que la mare en contient,
Depeuplant ce Royaume auparauant paiſible.
Tout ainſi qu'il n'eſt rien au monde plus plein d'heur,
Que d'auoir vn bon Roy : ainſi d'vn Roy tueur
On peut dire pour vray, qu'il n'eſt rien tant horrible.

D

Honore ton pere & ta mere (en leur obeyſſant)à fin que tes iours ſoient prolon-
gez ſur la terre. Exod. 20.12. Et ne ſuiuront point vn eſtranger, mais s'en-
fuyrót de luy, car elles ne cognoiſſent point la voix des eſtrãgers. Ioan. 10. 5.

DV LOVP, ET DV CHEVREAV.

V Ne Chevre diſoit par vn petit pertuis
   A ſon ieune Chevreau, elle s'en allant paiſtre,
Qu'il n'ouuriſt point à d'autre: or vn grand vilain traiſtre
De Loup l'entendit lors, qui vient frapper à l'huis.
Ouurez (ce diſoit-il) voſtre mere ie ſuis :
   Ma mere (reſpond-il) me donnoit à cognoiſtre
   Vn certain mot de guet, qu'on ne me fait paroiſtre:
Mon enfant, dit le Loup, ſouuenir ne m'en puis.
Et moy i'ay oublié auſſi d'ouurir la porte
   (Reſpond le Chevreau) parlant en ceſte ſorte
   Car c'en eſt làla clef, & de tous nos ſecrets.
Ainſi qui n'entreprend de faire dauantage
   Qu'il n'a de mandement, ne peut auoir dommage,
   Dont il ſe puiſſe au moins repentir puis apres.

L'auaricieux ne sera rassasié d'argent : & celuy qui ayme les richesses ne pren-
dra point aucun fruict d'icelle.　　　Ecclef. 5. 9.

Du Chien, & de l'ombre.

VN Chien alloit courant deuers vne riuiere :
　Or il aduint ainsi, qu'iceluy trauersoit
Son cours hastiuement sur vn pont fort estroit,
Tenant vn bon morceau sous sa dent macheliere.
Le Soleil rayonnoit vne grande lumiere,
　Qui faisoit grossir l'ombre en ceste eau qu'il passoit,
　Qui fait qu'aussi soudain que ce Chien l'apperçoit,
　Il se iette dans l'eau, mettant son bien arriere.
Voulant donc engouler ceste ombre, il laisse cheoir
　Son gros morceau de chair : puis ne manqua d'auoir
　De belle eau tout son saoul, & du vent qui luy reste.
Ainsi le peu vaut mieux, & tenir seuremen̄t
　Le bien qu'on peut auoir tousiours pour fondement,
　Que d'embrasser beaucoup, & perdre tout le reste.

Qu'est-ce que tu as, que tu n'ayes receu? & si tu l'as receu, pourquoy t'en glorifies-tu, comme si tu ne l'auois point receu? 2. Corinth. 4. 7.

Du Geay, qui se vestit des plumes du Paon.

VN Geay auoit trouué des plumes esgarées
   D'vne trouppe de Paons, à l'entour d'vn buisson,
Dont il pense aussi-tost à se donner leur nom,
Apres auoir d'iceux ses plumes reparées.
Or les Paons qui voyoient sous leurs tresses dorées,
   Que ce galland de Geay faisoit du compagnon,
Ils le chasserent donc, pour son ambition,
   Ayans vn chacun d'eux ses plumes retirées.
Ce pauure Geay plumé, estant de là chassé,
   S'en vient entre les Geays, dont il est delaissé,
Et non plus que les Paons n'en tiennent aucun conte.

Donc qui tranche du braue, & qui se va fourrant
   Au milieu des Milords pour faire là du Grand,
En tout lieu n'en aura que blasme & toute honte.

Et on dit: Le Seigneur ne le verra point.   Pfal. 93. 7.
Vous qui estes sans sapience entendez: Celuy qui a formé l'œil ne confi-
derera-il point?

DV CERF, ET DES BOEVFS.

VN Cerf mis aux abois par quelques chiens courans,
  Entre dans vne estable, en laquelle il supplie
Des Bœufs attachez là de luy sauuer la vie,
Le gardant de la dent de ces Chiens deuorans.
Las! tu viens (dit vn Bœuf) à de pauures garans,
  Liez comme tu vois: que si tu as enuie
  Toutesfois de te mettre en ce foin, ie t'affie
  Que nous ferons icy auec toy demourans.
Ce disant vient entrer le maistre dans l'estable,
  Et cherchant tout par tout ce pauure miserable,
  Il le tuë de coups, quand il l'a peu trouuer.

Ainsi est-il qu'en vain le pauure infirme implore
  L'ayde de l'affligé: ainsi est-il encore
  Qu'enfin le mal-heureux cherche de se sauuer.

Celuy prend charge sur soy, qui communique auec plus grand que luy. Ne sois compagnon de plus riche que toy. En quoy communiquera le chauderon auec le pot de terre?   Ecclef. 13. 2. 3.

DV LYON, ET D'AVTRES BESTES.

CE Lyon affamé s'en allant à la chaffe
    Auec vn fort Limier, vn Loup, & vn Regnard,
Prit vn Cerf à la courfe, & puis il le depart :
    Ce qu'ayant fait en quatre, il parle ainfi d'audace.
Vn chacun de vous trois fçait bien de quelle race
    Ie fuis par deffus vous, dont i'auray cefte part :
    Puis ce quartier plus grand, que voila mis à part,
    M'eft deu, ayant efté le premier à la trace.
La tierce, i'auray encor pour eftre le plus fort :
    Et l'autre, pour auoir mis apres plus d'effort :
    Et quand au demeurant, c'eft pour voftre falaire.
Partant qui veut fe ioindre auec les grands Seigneurs,
    Fiers, cruels, ou nuifans, qu'ils fupportent leurs mœurs,
    Et tout ce qu'ils voudront, ou mal dire, ou mal faire.

Tu ne feras point d'iniquité, & ne iugeras point iniuſtement, & n'accepteras
la perſonne du pauure, & n'honoreras la perſonne du grand. Iuge iuſte-
ment ton prochain.　　　　　Leuitic. 19. 15.

DV LOVP ET DE LA BREBIS.

AV x plaids des Animaux, pour vn trop long ſejour
　　D'vne debte, vn gros Loup faiſoit vne pourſuite
Encontre vne Brebis, qui dit, à l'oppoſite,
　Qu'elle ne luy doit rien, repliquant à ſon tour,
Le Loup produit le Chien, l'Eſcouſſe, & le Vautour,
　Qui diſent qu'il eſt vray : pourtant qu'elle merite
　D'eſtre à iamais infame, & pour chercher la fuite
　De perdre tous ſes biens, & mourir à ce iour.
Sur cecy, la Brebis taſche de ſe deffendre :
　Mais tous dans ce parquet ne la veulent entendre,
　Ains elle & ſes raiſons ils rejettent bien loing.
Ainſi eſt-il qu'on void le bien, l'honneur, la vie,
　Expoſez en peril, ſe perdre, eſtre rauie,
　Par le mortel rapport du meſchant faux teſmoing.

Ne craignez point ceux qui tuent le corps, & ne peuuent tuer l'ame : mais pluſtoſt craignez celuy qui peut perdre l'ame & le corps en la gehenne.
Matth. 10. 28.

DES LIEVRES CRAIGNANS SANS CAVSE.

VNe groſſe Foreſt, de grands vents tempeſtée,
   Donnoit vne grand' peur aux Lievres de ces lieux :
Leſquels, en s'enfuyans, trouuent deuant leurs yeux
Vne mare, laquelle a leur courſe arreſtée.
Or y voyans tout coy, & la riue hantée
   De Raines, ſe plongeans dedans ſon fond fangeux,
   Penſans eſtre grand cas qu'on fuye deuant eux,
Ils ont ſoudainement leur crainte rejettée :
Courage (diſent-ils) apprenons à ſçauoir
   Sans nous troubler ainſi, quel eſt noſtre pouuoir,
   Quand nous voyons, qu'icy nous ſommes redoutables.
L'homme laſche & poltron en la guerre prend cœur,
   Quand il ſçait deuant luy qu'vn autre fuit de peur ;
   O qu'on void en tous lieux de gens-d'armes ſĕblables !

Ne nuire

Ceux-cy font taches en leurs banquets, banquetans sans crainte, se repaissans eux-mesmes: nuées sans eau emportées des vents çà & là. Epist. S. Iude.

D'vn Singe, & d'vn petit Chat.

VN tout fantasque Singe eut vn fort grand desir
  De manger des marrons, qu'on mettoit dans la cendre:
Là estoit vn Chatton duquel il alla prendre
  La patte de deuant, puis les tire à loisir.
Le petit Chat qui sent la chaleur le saisir:
  Dit, Escoute vn peu Marmot, tu deurois bien entendre
  Que i'ay ma foible peau, pour le moins, aussi tendre
  Que la tienne, & partant ne me fay desplaisir.
Mais (ce dit le Marmot) nul ne vit sans rien faire:
  Dequoy donc te plains-tu, quand mesme en cét affaire
  Il ne se peut trouuer de trauail plus leger.
Tel donc employe autruy iusques à sa personne,
  Lequel durant ce temps au peril l'abandonne,
  En se gardant fort bien d'approcher du danger.

E

Leur goſier eſt vn ſepulchre ouuert, ils faiſoient frauduleuſement de leurs langues. Pſal. 64. 4. Deſquels la bouche eſt pleine de malediction & d'a-mertume: leurs pieds ſont legers à reſpandre le ſang. Pſal. 64. 5.

DE L'AVBEREAV, ET DES AVTRES OYSEAVX.

A Pluſieurs Oyſelets l'Aubereau fit ſçauoir,
 Qu'il vouloit celebrer le iour de ſa naiſſance:
Partant il les prioit qu'en ayans cognoiſſance
Ils y vinſſent tantoſt pour les bien receuoir.
On ne leur eut donc pas pluſtoſt fait à ſçauoir
 Que ces pauures folets en grande eſiouyſſance
 Ne vindrent deuers luy, chercher la iouyſſance
Des banquets & des jeux qu'ils penſoient bien y voir.
Mais eſtans arriuez ce Haubereau les happe,
 Les deſpece & meurtrit, & pas vn ſeul n'eſchappe,
 Qu'il ne ſoit pour ſeruir à ſon cruel deſir.
Quand on ſe laiſſe auoir par ces belles paroles
 De nopces, de feſtins, de ſauts & de caroles
 L'on y trouue la mort pour la fin du plaiſir.

DV LYON ENVIEILLY.

VN Lyon fit beaucoup de mal en ſon ieune aage,
　　Mais quand il deuint vieil, le pauure langoureux,
N'ayant plus de pouuoir, trouua force hayneux,
　　Qui ſe plaiſoient ſans peur de luy faire dommage.
Il n'eſt plus queſtion ny d'honneur, ny d'hommage,
　　Puiſque meſme on voyoit vn Pourceau tout fangeux,
　　Vn Aſne tout pelé, vn Taureau courageux
Luy faiſans à l'envy toute ſorte d'outrage.
Las ! diſoit ce Lyon, que mal ie me ſuis mis
　　A faire, vn temps paſſé, tant & tant d'ennemis,
　　Et que c'eſt par trop tard que ie vien à m'en plaindre.
Les Grands doiuent ſçauoir que le temps doit changer,
　　Qu'il n'y a point pourtant de plus certain danger,
　　Que de hayr autruy, & de ſe faire craindre.

Mon fils, si les pecheurs te veulent attraire, ne leur consens point. Prou.1.10.
Sois continuel auec l'homme sainct, quel qu'il soit, que tu cognoistras garder la
crainte de Dieu, duquel l'ame est selon ton ame.   Ecclef. 37.15.

DV BOVC, DE L'AGNEAV, ET DV LOVP.

VN Bouc & vn Agneau s'estans donnez la foy,
　　Trouuent vn meschant Loup dedans vne prairie,
　Venant sous vn parler, tout plein de piperie,
　Dire ainsi à l'Agneau qui trembloit tout d'effroy.
Mon fils, quitte ce Bouc, & t'en vien auec moy,
　Vn Bouc puant ne fait que toute fascherie :
　Vois-tu qu'il est cornu, que s'il entre en furie,
　Comme il fait tous les iours, pauuret, c'est fait de toy.
Mais le Bouc tout gaillard marchant d'vn braue pas,
　Dit ainsi à ce Loup, passe outre, ou tu sçauras
　Que ce n'est pas en vain qu'vn furieux menace.
Qui s'accompagne donc de toutes gens de bien,
　Ne peut estre en danger, ny se trouuer en place
　Quel rencontre qu'il fasse tout luy succede bien.

O paresseux, va au fourmy, & aduise ses voyes, & apprend sapience. Laquelle combien qu'elle n'ait ne Docteur, ne Maistre, ne Prince, elle appareille en Esté sa prouision, & assemble en là moisson ce qu'elle doit manger. Prou. 6.6.

DE LA MOVSCHE ET DV FOVRMY.

L A Mousche se vantant de sa belle demeure,
 Et disant au Fourmy, que mesme tout le bien,
 Iusqu'au manger des Rois, s'il vouloit estoit sien,
 L'autre respond tout court, que pour viure il labeure.
C'est vie de Cheual (ce dit la Mousche à l'heure)
 De trauailler tousiours : & de ne faire rien
 (Respondit le Fourmy) c'est la vie d'vn Chien,
 Ou d'vn vilain Pourceau : & laquelle est meilleure?
Apres tous ces debats, l'Hyuer vient tout grison,
 Sous lequel meurt la Mousche, alors qu'en sa maison,
 Le Fourmy mangeottoit son petit ordinaire.
Il est donc plus heureux qui fait vn petit train,
 Et par ce moyen gaigne honnestement son pain,
 Que de chercher son aise, & ne vouloir rien faire.

E iij

Mais toy Dieu, tu les meneras au puits de perdition. Les hommes eſpandans
ſang, & pleins de tromperie, ne paruiendront point à la moitié de leurs
iours.   Pſal. 54. 24.

LE DRAGON, ET L'ELEPHANT.

LE Dragon cauteleux, d'vne nuiſante enuie,
  Aborde l'Elephant, qu'il taſche à oppreſſer:
  Et pour plus ayſément contre luy ſe dreſſer,
  Les iambes, de ſa queuë, à l'inſtant il luy lie.
Tandis que l'Elephant de ſon groin ſe deſlie,
  Le Dragon ſur ſon col eſt prompt à s'eſlancer,
  Afin qu'il puiſſe mieux tout le ſang luy ſuccer:
  Duquel eſtant remply, en affame ſa vie.
Or auſſi l'Elephant s'affoiblit chancellant,
  Tellement, que des pieds le Dragon va foulant,
  Plus de mal luy faiſant qu'il n'en reçoit luy-meſme.
Les ſanguinaires font aux innocens ainſi,
  Leur ſuccans chair & ſang ſans pitié ny mercy:
  Mais ils en ont en fin angoiſſe plus extréme.

Qui recommencera à raconter sa misericorde? Ecclef. 18.3.

L'Ours, & les Abeilles.

VN Ours ayant mangé du miel qu'il defiroit,
  Des Abeilles il fut piqué d'eſtrange ſorte:
Dequoy fort irrité, les ruches il tranſporte,
  Tout ce deſſus deſſous, par le mal qu'il ſentoit.
Les Abeillettes lors, voyant qu'ainſi eſtoit
  Renuerſé leur manoir, d'vne rigueur plus forte
  Le viennent aſſaillir, dont il ſe deſconforte:
  Mais pour ſa dure peau l'aſſaut mieux il portoit.
Or ſa teſte, ſes yeux, ſon muſeau, ſes oreilles,
  Furent ſi mal traittez de ces fieres Abeilles,
  Qu'en amer fut changé le doux de ſon manger.
Mieux m'euſt valu (dit-il) porter vne poincture,
  Que pour m'eſtre vangé ſouffrir peine ſi dure:
  Qui peut ſouffrir vn peu, fait mieux que ſe vanger.

Ne dis point, Ie luy feray ainſi qu'il m'a fait, & ie rendray à vn chacun ſelon ſon œuure.   Prouerb. 24. 29.

Le Corbeau, & le Scorpion.

CE Corbeau, qui auoit du Scorpion ſenty
   Le dangereux venim, à s'en venger il taſche,
Et prend le Scorpion, qui tellement ſe faſche,
Qu'apres s'en eſt trop tard le Corbeau repenty :
Car il eſt de douleur ſi fort appeſanty,
   Pour le mortel venim, qui à ſon corps s'attache,
Et deuient peu à peu ſi debile & ſi laſche,
Qu'il ſe trouue à la fin confus & amorty.
S'il ſe fuſt appaiſé à ſa peine premiere,
   Pas il n'euſt enduré ceſte angoiſſe derniere :
Il fait mauuais ſe prendre à plus mauuais que luy.

Tel ſe penſe venger, qu'autre de luy ſe venge :
   Qui taſche à faire mal, reçoit mal en eſchange,
   Et ſouuent eſt vaincu, qui penſe vaincre autruy.

On

Or donnez-vous garde des faux Propheres, qui viennent à vous en veſte-
mens de Brebis, mais par dedans ſont des Loups rauiſſans. Matth. 7. 1. 5.

Le Loup en habit de Brebis.

EN habit de Brebis vn Loup s'alla veſtir,
   Tant eſtoit cauteleux, & remply de malice:
   Puis en ce poinct s'en va (contrefaiſant le nice)
   Mettre auec les Brebis, ſans d'elles ſe partir.
Il les accompagnoit à entrer & ſortir,
   Cependant les meurtrir, eſtoit ſon exercice:
   Si toſt que le Berger cogneuſt ſon maleſice,
   Le va pendre à vn arbre ainſi, ſans deueſtir.
Quelques Bergers iugeoient que c'eſtoit vne oüaille,
   Mais le cognoiſſans Loup deſſous ſon veſtement,
   Dirent, que ſelon l'œuure on a le payement.
Tel ſemble eſtre fort bon, que ce n'eſt rien qui vaille,
   Bien que de ſaincteté il ſemble eſtre veſtu:
   Souuent l'impieté ſe couure de vertu.

F

Soyez sobres, & veillez: d'autant que vostre aduersaire le diable chemine comme vn Lyon bruyant à l'entour de vous, cherchant quelqu'vn pour deuorer.   1. Pier. 5. 5.

LE LOVP, ET LE HERISSON.

VN Loup tout affamé vint contre vn Herisson,
   Le pensant deuorer, mais l'approcher il n'ose,
Le voyant bien armé: & pourtant il propose
De parler auec luy d'vne douce façon.
Escoute, amy, (dit-il) & entend ma leçon,
   Il est paix, & la faut garder sur toute chose:
Mets donc les armes bas, & seurement repose,
Car ie n'ay de ten uire aucune intention.
Non, (dit le Herisson) ie veux garder mes armes
   Contre ceux qui viendront me faire aucuns alarmes,
L'vne espée retient l'autre dans le fourreau.
Celuy-là est prudent, qui à soy bien regarde,
   Ne croyant les trompeurs, & qui est sur sa garde
Lors que son ennemy, se feignant, parle peu.

*N'introduits point tout homme en ta maison : car les trahisons du cauteleux
sont diuerses.*   Ecclef. 11. 31.

Le Heriſſon, & le Serpent.

Vn Heriſſon s'addreſſe au Serpent, & le prie,
  Qu'il le laiſſe auec luy (l'Hyuer) en paix loger,
L'accord fait, il y va : mais pour trop remuer
En tournant, & roulant, au Serpent il ennuye.
Tu ne deurois (dit-il) me faire faſcherie,
  En me piquant ainſi, c'eſt par trop m'outrager :
  Ce lieu eſt fort eſtroit, vueille donc deſloger ;
  I'ayme mieux eſtre ſeul, qu'à telle compagnie.
Mais puis que tu ne peux ma preſence endurer,
  Dit l'Heriſſon, va-t'en, ſans icy demeurer :
  Le Serpent, pour ſon bien, va chercher autre place.
*Tel penſe eſtre ſeigneur, qui n'eſt que ſeruiteur :
  Ainſi aduient à ceux qui font à tous faueur,
  Pour les voir gens de bien ſeulement à la face.*

Ceux qui disent au meschant, tu es iuste: les peuples le maudiront, & les lignées les auront en detestation.   Prouerb. 24. 24.

Le Chameleon.

LE Chameleon prend de l'air sa nourriture,
  Ouure tousiours ses yeux, ses griffes aspres sont,
  En toute autre couleur à se changer est prompt;
  Mais il ne prend iamais rouge ou blanche teinture.
Les flatteurs ont aussi vne telle nature,
  Presque ils viuent de rien, comme semblant ils font:
  Mais chez les grands Seigneurs iournellement ils vont
  Faire mille rapports, pour y faire pasture.
Plus souuent de propos changent ces battelleurs,
  Que le Chameleon ne change de couleurs:
  Et partant vn chacun n'en deuroit tenir conte.
Comme ils ne changent pas en rouge ny en blanc,
  Encor qu'en tous leurs dicts il n'y ait rien de franc,
  Aussi n'ont-ils iamais ny pureté ny honte.

Ton arrogance, & l'orgueil de ton cœur t'a deceu : toy qui demeure és cauernes
de la pierre, & t'efforces de prendre la hauteſſe de la petite montagne.
Ierem. 49. 16.

LE BELIER, ET LE TAVREAV.

VN Belier mieux cornu que les autres n'eſtoient,
  De tous ſes compagnons vouloit eſtre le maiſtre,
  Les tenans ſi ſubjects, que nul d'eux n'oſoit paiſtre
Sans luy porter honneur, telle crainte en auoient.
Voyant donc que ceux-cy tellement l'honoroient,
  Tant accreut ſon orgueil, qu'il s'oſa bien promettre,
  Que d'autres animaux ſe viendroient auſſi mettre
En ſa ſubjection, & luy obeyroient.
Or il void vn Taureau, lequel il veut combattre,
  Et luy donnant le choq, le penſoit bien abbattre:
  Mais tout à coup il fut (luy-meſme) ietté bas.
Aucuns de bas eſtat, tant ſeulement ne greuent
  Leurs pareils, mais auſſi contre les Grands s'eſleuent:
  Et de l'orgueil qu'ils ont ne ſe cognoiſſent pas.

F iij

Apprenez à bien faire. Querez iugement, aydez celuy qui est oppressé : faites iugement pour l'orphelin : Deffendez la vefue.　　Isay. 1. 17.

La Poule, & ses Poussins.

CE trois Oyseaux de proye aduisans vne cage
　　Et vne Poule au prés, qui ses Poussins gardoit,
　Volettoient à l'entour, car chacun pretendoit
　Les rauir, mais la Poule empescha ceste rage.
Contre ces affamez elle prit tel courage,
　Et si soigneusement la cage enuironnoit,
　Qu'en voulans approcher, elle les estonnoit ;
　Se deffendant si bien, qu'elle n'eut nul dommage.
Elle aduance le bec contre ces ennemis,
　Et se met au hazard pour garder ses petits,
　Qui par elle sont mis en plus grande asseurance.
Il faut deffendre ainsi contre tous rauisseurs,
　Les pauures innocens, & les rendre plus seurs :
　Qui se sent oppressé, souhaitte deliurance.

Aucun est amy selon le temps, & ne demeurera point au iour de la tribulation.
Ecclef. 6. 8. Aucun aussi est amy, compagnon de la table : mais il ne de-
meurera pas au iour de necessité.　　*Ecclef. 6. 10.*

LE LABOVREVR, ET LA SOVRY.

VN Laboureur plaifant, qui volontiers beuuoit,
　　De fa natiuité faifoit tous les ans fefte :
　Et lors deuant fa Ferme, ayant le vin en refte
　Faifoit faire vn grand feu, voilà comme il viuoit.
Mais le vent par malheur, vn iour fi fort fouffloit,
　　Que fa maifon brufla, & n'en efchappa befte :
　Le Laboureur voyant vne Soury ja prefte
　A s'efchapper, la iette au feu, que tout brufloit.
Befte ingrate (dit-il) moy viuant en delices,
　　Tu receuois chez moy beaucoup de benefices,
　　Veux-tu m'abandonner en ma neceffité?
Faifant grand chere, on a beaucoup d'amis de table :
　　Mais fi fortune tourne, (ô chofe bien notable !)
　Ils delaiffent l'amy en fon aduerfité.

Vne fontaine iette-elle d vne mesme source eau douce & amere? Mes freres,
vn figuier peut-il produire des oliues, ou vne vigne des figues? Ainsi nulle
fontaine ne peut faire eau salée & douce.   S. Iacq. 3. 11.

LE PAYSAN, ET LE SATYRE.

VN Paysan trouuant vn Satyre en vn bois,
    Qui de froid tremblottoit, à sa maison le meine :
Y estans arriuez, le Paysan met peine
A souffler en ses mains, pour reschauffer ses doigts.
La femme à chacun d'eux, ainsi comme tu vois,
    Donne du boüillon chaud vne escuelle pleine :
Le pauure Paysan de volonté soudaine,
Pour plustost estre froid, le souffle plusieurs fois.
Le Satyre esbahy, trouua cela estrange,
    Que la chaleur en froid d'vne bouche se chanche ;
Parquoy il commença à soupçonner, disant :
Tel a le feu en main, qui l'eau en l'autre porte :
    Garder se faut de ceux qui font en telle sorte :
    Tel monstre beau semblant, qui tasche estre nuisant.

Qui

Ne vueille point en beaucoup de manieres enquerir choses superfluës.
Ecclef. 3. 24.

L'Aigle, & le Limaſſon.

VN Limaſſon promet vne Perle excellente
   A l'Aigle,& qu'en l'air haut, le porte ſeurement:
  Car de ramper ainſi continuelement
  Sur la terre (dit-il) ce n'eſt plus mon entente.
L'Aigle le porte haut, ſans faire longue attente,
   Où il euſt du plaiſir, mais gueres longuement,
  Car elle demanda bien toſt ſon payement:
  Mais le pauuret n'eut pas pcur la rendre contente.
Dont pleine de courroux tellement l'eſtraignit,
   Que de fort lamenter elle le contraignit:
Qui n'a rien pour donner, il ne doit rien promettre:
   Si pluſieurs demeuroient en leur eſtat contens,
   Sans s'eſleuer trop haut, ils auroient meilleur temps,
   Qu'à la mercy d'autruy leur vie en danger mettre.

Plusieurs sont morts en gourmandise : mais celuy qui s'abstient alongera sa
vie. Ecclef. 27. 34.

L'Escoufle, & le Coucou.

D'Vn Coucou se mocquoit vne Escoufle, disant,
   Qu'il n'osoit rien manger que vers par coüardise :
Il aduint peu apres, que l'Escoufle s'aduise
De rauir des Pigeons, où il est s'amusant.
Tandis vn villageois, qui ne fut trop musant,
   L'attrape dans sa ret : puis ayant ceste prise,
   Au plus haut d'vne tour honteusement l'a mise,
   Pour estonner tout autre ainsi que luy faisant.
Voire (dit le Coucou) le voyant ainsi pendre,
   Si tu eusses voulu (comme i'ay fait) apprendre
   A ne manger que vers, on ne t'eust pas là mis.
Il vaut mieux seurement en sobrieté viure,
   Que hazarder sa vie, & son appetit suiure :
   Tousiours en mal-faisant on a des ennemis.

Mais il leur dit : N'auez-vous point leu ce que fit Dauid, ayant faim, & ceux qui eftoient auec luy?   Matth. 11. 3.

Le Milan, & le Roffignol.

VN Milan fort puiffant, preft à faire dommage,
  Rauit vn Roffignol, qui le prie humblement
De le prendre à mercy, & que foigneufement
Il fera fon deuoir de luy porter hommage.
A quoy me pourrois-tu faire quelque aduantage,
  (Demande le Milan) dy-le-moy promptement?
  A chanter deuant toy melodieufement,
  (Refpond le Roffignol) ie ne fçay autre ouurage.
Non, non, dit le Milan, cela ne me duit pas,
  Ton chant ne me fçauroit contenter d'vn repas:
  A vn ventre affamé le chant n'eft delectable.
Vn chacun peut affez cognoiftre par cecy,
  Qu'il faut premier auoir du principal foucy,
  Laiffant, pour fon profit, ce qui n'eft profitable.

Celuy qui rend le mal pour le bien, le mal ne se partira point de sa maison.
Prouerb. 17. 13.

Le Rustique, & la Couleuure.

EN Hyuer, sur la neige, vn Paysan trouua
    Vne Couleuure, estant (de froid) à demy-morte,
De pitié qu'il en eut à sa maison l'emporte,
Où en la reschauffant la vie luy sauua.
Ayant senty le chaud, soudain elle s'en va
    Toute emplir sa maison du venim qu'elle porte:
    Suis-je recompensé de toy en telle sorte,
    Ce dit le Paysan? que fort elle greua.
Lors prend vne coignée, & frappe de grand'force:
    Mais la Couleuure aussi à le tuer s'efforce.
    D'vne fiere rigueur luy iettant son venim.
C'est grande ingratitude, & fort dangereux vice,
    Faire mal à celuy qui nous a fait seruice:
    Il est bien quand on est l'vn à l'autre benin.

Pour la froidure le pareffeux n'a point voulu labourer, il mendiera donc en
Efté, & ne luy fera rien donné.   Prou. 20. 4.

De la Cigale, & du Fourmy.

AVſſi toſt que l'Hyuer aux champs eut fait venir
    Ses glaçons & frimats, le Sautereau s'adreſſe
Au Fourmy, le priant qu'à ſa grande detreſſe
D'vn peu de ſon amas luy plaiſe ſubuenir.
Le Fourmy luy reſpond, qu'il peut ſe ſouuehir
    Du beau temps de l'Eſté, où l'on oyoit ſans ceſſe
Dans les bleds le grand bruit de ſa voix chantereſſe,
    Au lieu de bien penſer à vn temps aduenir.
Penſe bien (ce dit-il) qu'ores qui ne labeure,
    Mais ſe donne bon temps, qu'il faut que pauure il meure,
Et que ſon beau plaiſir luy ſoit bien cher vendu.
Sçache donc que celuy qui penſe touſiours rire,
    Qu'vn temps pourra venir qu'il faudra qu'il ſouſpire,
    Recognoiſſant trop tard le temps qu'il a perdu.

G iij

L'esperance de l'ingrat s'esuanoüira comme la glace de l'Hyuer, & se perdra comme l'eau qui ne sert de rien. Sap. 16. 29.

Du Loup, & de la Gruë.

LE Loup qui promettoit vn thresor indicible,
   Pour luy oster vn os dedans son gosier mis,
Vid la Gruë, & luy dit, ô fleur de mes amis,
Oste-moy, ie te prie, ce mal s'il t'est possible.
Lors elle met son col dans sa gorge terrible,
   Et tire l'os ainsi qu'on luy auoit commis :
   Puis luy dit, donne-moy ce que tu m'as promis,
Et lors d'auecque toy ie m'en iray paisible.
As-tu bien (dit le Loup) vn esprit si grossier
   De ne penser, qu'ayant ton col dans mon gosier
   Ie t'eusse peu tuer? va-t'en donc, & y pense.
La Gruë adonc partit, disant que *C'est le gain*
   Qu'on peut tousiours attendre, auecque tout desdain,
   Du bien-fait à l'ingrat pour toute recompense.

Le pain de mensonge est soüef à l'homme, & apres sa bouche sera remplie de sablon.   Prouerb. 20. 17.

Du Berger qui crioit tousiours au Loup.

VN gardeur de Brebis, ne faisant rien qui vaille,
    Crioit aux villageois : hau bonnes gens, voila
Le Loup dans mon pasquis, & venez tost, il a
Vn de mes bons Moutons, ô combien ie trauaille?
Mais chacun voyant bien que ce rustre se raille,
    Apres deux & trois fois qu'ils estoient venus là,
    Le Loup en rauit vn, lors le Berger, Holà
    Dit-il, c'est à ce coup que le Loup tient mon oüaille.
Et venez (estoit-il criant à pleine voix)
    Ie vous dy que le Loup est icy ceste fois;
    Mais on laisse ce fol s'enroüer de crierie.
Ainsi voila que gaigne vn menteur effronté,
    Que mesmes en l'oyant dire la verité
    On pensera tousiours que ce soit menterie.

L'homme qui en douces & sainctes paroles parle à son amy, il estend les rets deuant ses pas.   Prouerb. 29. 5.

Du Loup, & d'vne Truye.

VN Loup veyoit de loing vne Truye fort pleine
  Qui vouloit cochonner, la Truye l'aduisant
Appreste ses deffences contre ce Loup nuisant,
  Qui luy dit, qu'il vient là pour l'ayder en sa peine.
Ouy, ie suis ton amy, dit le Loup, & sans haine,
  Ie vien pour te garder diligent, suffisant,
  Et pour ne faire rien qui te soit desplaisant:
  En tout cela ie suis la beste souueraine.
Non, la Truye respond, qui que tu sois, ie voy
  Que tu semble vn Loup par trop espouuantable
  A mes petits cochons, va donc bien loing de moy.
Que ce repoussement est grandement notable:
  D'accorder au meschant d'estre son gardien,
  Helas! & que peut-il en aduenir de bien?

Ne regardet

Donnez-vous garde des faux Prophetes, qui viennent à vous en veſtemens
de Brebis, mais par dedans ſont Loups rauiſſans. Matth. 7. 15.

D'vne femme, & de ſa Geline.

VNe femme autre fois auoit vne Geline,
    Qui fut de ſa maiſon l'vnique & ſeul ſecours,
D'autant qu'elle donnoit vn œuf d'or tous les iours :
Dont elle eut par ſa mort vne entiere ruine.
Mais la femme penſant qu'au fond de la poictrine
    De ceſte Poule, fut vn threſor pour touſiours :
    La malheureuſe alors ſans faire long diſcours,
Par vn coup de couſteau ceſte Poule extermine.
Ne trouuant rien dedans, alors elle s'eſcrie :
    O combien l'auarice eſt pleine de folie ?
    Par là de mon vaillant ie ſuis venuë à bout.
Donc l'homme conuoiteux le plus ſouuent qui penſe
    S'aduancer en grands biens, par la folle deſpenſe
    Qu'il fait ſans iugement, ſon bien s'en va du tout.

H

Ne ſçauez-vous point que quand on court à la lice, tous courent, mais vn ſeul
emporte le prix? courez tellement que vous l'emportiez. 1. Cor. 9. 24.

Du Lievre, & de la Tortuë.

VN Lievre ſe vantoit de la dexterité
     Qu'il auoit à courir, & blaſmoit la Tortuë,
De ceſte peſanteur dont elle eſt reueſtuë;
Partant il demandoit ſur elle authorité.
Elle dit, qu'elle eſt preſte à ſa legereté
     De donner le combat. Soit vne ſource eſleuë
     Pour le terme arreſté: qu'elle eſt bien reſoluë
Que la honte iamais n'ira de ſon coſté.
Ce fait, là où le Lievre eſt content d'vne courſe,
     Nuict & iour la Tortuë eſt aprés ceſte ſource,
     Qu'elle atteint la premiere ingenieuſement.
Que c'eſt aſſurément vne belle ſcienſe,
     En trauaillant touſiours, que d'auoir patience,
     Sçachant comment il faut ſe haſter lentement.

Vous n'affligerez nulle vefue, ne nul orphelin. Que si vous les affligez, & ils crient à moy, i'orray leur cry, & ie me courrouceray, & vous tueray de glaiue, & vos femmes seront veufues, & vos enfans orphelins. Exod. 22.22.

DV CORBEAV, ET DE LA BREBIS.

VN deuorant Corbeau, s'estant mis sur le dos,
  D'vne pauure Brebis, luy arrachoit la laine
Et luy donnoit encor auecque toute peine
De son gros vilain bec, iusques au suc des os.
Ceste Brebis voyant que c'est sans nul repos,
  Que ce fort meurtrier sur elle se demeine,
  Et sentant que vers luy sa complainte estoit vaine,
  Ne pouuant autrement, luy tient ce bref propos.
Bien que tu sois bien fort, tu n'oserois te prendre
  A ce Chien que voilà, & le taster ainsi:
  Il respond, Ie sçay bien ce que ie fais aussi.
*Que sert de se vouloir ou complaindre ou deffendre
  Enuers quelque mocqueur, ou celuy qui se plaist
  A mal faire tousiours, & de là se repaist?*

Qui dit qu'il cognoiſt Dieu, & ne garde point ſes commandemens, il eſt men-
ſeur, & verité n'eſt point en iceluy.　　　1. Ioan. 2. 4.

D'vne Mule.

VN iour fut qu'vne Mule ayant touſiours bon temps,
　　La paille iuſqu'au ventre, à ſon aiſe, bien graſſe,
Vantoit à cor & cry ſon ancienne race
De genets, de courſiers, & d'vn bien fort long-temps.
S'il faut courir, bondir, c'eſt à quoy ie m'entens,
　　Diſoit-elle, & ſi fay le tout de bonne grace:
　　Ainſi pour l'eſſayer elle eſt menée en place,
　　Où l'on donnoit carriere aux Cheuaux excellens.
Mais à la Mule eſtant toute courſe incogneuë,
　　Ie me cognoy, dit-elle, & d'où ie ſuis venuë
　　D'vn vieil Aſne, à ſçauoir, qui m'a fait en ce poinct.
Ainſi void-on touſiours que c'eſt que de l'eſpreuue,
Car à ceſt heure-là tel qu'on eſt on ſe treuue,
Mais eſtant en repos on ne le cognoiſt point.

Crain Dieu, & garde ses commandemens : car c'est le tout de l'homme.
Ecclef. 12.

Du vray deuoir.

AYmez Iuſtice, vous qui la terre iugez,
   Et ſi vous abondez en richeſſe mondaine,
N'y mettez voſtre cœur : mais fuyant choſe vaine,
Faictes droict deuant Dieu, aydant les affligez.
Et imitant le bien, du mal vous eſtrangez :
   Car, ainſi comme dit la Bonté ſouueraine,
   Le Iuſte fleurira (ſa parole eſt certaine)
   Comme la Palme fait : en ce vous ſoulagez.
Exercez donc Iuſtice, & ce qu'elle commande,
   Rendez à vn chacun le droict qu'il vous demande,
   Et vous ſerez de Dieu & des hommes amis.
Pour exemple ſuiuez la Cigoigne amiable,
   Qui d'vn droict naturel, certes bien admirable,
   De ſon nid tous les ans diſme vn de ſes petits.

H iij

Ne permets point que iamais orgueil domine en son sens, ny en sa parol ; car en iceluy toute perdition a pris son commencement. Tob. 4. 14.

Du Regnard, & des Chats.

VN Regnard cheminoit auecques certains Chats,
   Qui s'estimoit plus qu'eux pour sa ruse & vistesse,
Disant qu'ils n'estoient rien, hors vn peu d'allegresse :
Pour les bien appeller, que des mangeurs de Rats.
Les Chats sur ce propos voyent tout à leurs pas
   Des Chiens flairans leur trace : alors par leur souplesse
   Sont bien tost sur vn arbre, où c'est que la finesse
De ce gentil vanteur est surprise aux pourchas.
Alors, dit le Regnard, que ceux-là mal se prisent,
   Qui se vantent de vent, combien mal ils desprisent,
   Ceux qui les sont voyans en leur gloire trompez.
Tel se mocque d'autruy qui meurt en fin de honte :
   Et tel blasme ceux-là desquels il fait grand conte,
   Quand il se void aux maux dont ils sont eschappez.

Car qui est-ce qui te met en reputation? & qu'est-ce que tu as, que tu n'ayes
receu? & si tu l'as receu, pourquoy t'en glorifies-tu, comme si tu ne l'auois
point receu?   1. Corinth. 4. 7.

L'AVSTRVCHE, ET LE ROSSIGNOL.

L'Austruche se vantoit de son braue plumage,
  Et le Rossignolet de son chant gringoteux:
Ensemble debatans, vouloient auoir tous deux
Sur tous autres Oyseaux de l'honneur l'auantage.
Mes plumes, dit l'Austruche, apportent grand gaignage,
  Pour seruir d'ornement aux hommes genereux:
  Et, dit le Rossignol, par mon chant doucereux,
  Aux Amans langoureux i'esueille le courage.
Ton plumage, dit-il, n'est qu'amorce d'orgueil:
  L'Austruche à ce propos, engendrant quelque dueil,
  Se teut: lors en chantant, le Rossignol s'enuole.

Aucuns estans doüez de prestance ou beauté,
  S'estiment les premiers d'vne Communauté,
  Par estre trop enflez d'vne arrogance fole.

Tout amy dira, i'ay aussi conioinct amitié : mais aucun amy seulement
amy de nom.   Eccles. 37.1.

De deux amis, & de l'Ours.

A Insi que cheminoient deux amis sans soucy
       Vn Ours vint au deuant : & ceste beste estonne
D'vn grand estonnement l'vne & l'autre personne,
Dont l'vne monte au haut d'vn gros arbre obscurcy.
L'autre se couche à terre sans bouger, & voicy
   L'Ours pensant qu'il fut mort, qui passe, & l'abandonne,
(Car il ne touche aux morts) dont l'autre hôme arraisóne,
Descendant cestuy-cy, & l'interroge ainsi :
Amy, que te disoit c'est Ours en ceste voye,
   Et comment as-tu fait pour ne luy estre en proye ?
Il sembloit bien à voir qu'il eust de toy grand soin.
Il m'a dit, respond-il, *qu'vne autre fois ie fuye,*
   Telles gens comme toy, ny qu'oncque ie m'y fie,
   Et qu'on cognoist vrayement les amis au besoin.

                                             Demeurer

Et l'homme auquel estoit le mauuais esprit se iettant sur eux & estans maistre
d'eux, vsa de force entre-eux, en sorte qu'ils s'enfuyrent nuds. Act. 19.
16. Act. 8. 19.

DE L'ASNE ET DV CHIEN.

L'Asne voyant son maistre vn Chienot caressant,
　Qui sautoit, qui dançoit, disoit, las! ce follastre
Est aymé pour ses sauts, & moy on me vient battre
Quand ie vien, quand ie vay, & mesme en bien faisant.
Il me plaist de changer, ie feray le plaisant:
　Et lors deuant son maistre il fait l'accariastre;
　Il brait, & pour sa peine on le bat comme plastre,
　Puis on le recommande à quelque lourd Paysant.
En l'estable enfermé cét Asne plein de crainte,
　A demy mort couché composoit vne plainte
　Dessus les pesans coups qui estoient cheus sur luy.
Qu'il est sage, dit-il, qui tasche de bien faire
　Ce qu'il doit, sans vouloir ainsi se contrefaire,
　Pour faire le flatteur, ie l'apprend auiourd'huy.

I

Dequoy les Princes & les Preuosts cherchoient occasion pour trouuer quelque chose contre Daniel. Dan. 6. 4.

Du Loup, & de l'Agneau.

DEssous vn beau courant, vn Loup se mit à boire,
Où de mesme y beuuoit plus bas vn pauure Agneau,
Auquel, dit ce vieil Loup, tu troubles donc mon eau,
Babouïn, tellement qu'elle en est toute noire.
Ha! pour certain iamais ie ne l'eusse peu croire,
Quand bien ie t'eusse veu quelque cornu Taureau:
Mais l'Agneau tout tremblant voulant parler: tout beau,
(Ce cria haut le Loup) encor en fais-tu gloire?
Voire encer deuant moy, miserable chetif,
Ressemblant à ton pere; es-tu bien si hâtif
De vouloir sonner mot? non, tu mourras en somme.

Tels void-on les meschans estre en toutes façons,
Tousiours assez garnis de semblables raisons,
Quand ils veulent pour fin deuorer vn pauure homme.

Si tu as vn seruiteur fidelle, qu'il te soit comme ton ame, traicte-le comme ton frere. Ecclef. 33. 30.

Du Larron, & du Chien.

VN Larron pertuisoit vne maison de nuict,
   Et pour venir à fin de sa belle entreprise,
Il donne vn pain au Chien, à fin qu'en la surprise
Il se contienne coy, sans vouloir faire bruit.
Mais le Chien au contraire à grands cris le poursuit,
   Abboyant, tempestant, abandonne & mesprise
   Le present que luy fait ce Larron qui le prise,
   Pour le gaigner tant mieux au poinct qu'il est reduit.
O Larron, dit le Chien, à quoy veux-tu pretendre
   Auec ton beau present? penses-tu me surprendre,
   Pensant que ie le prenne à mon grand des-honneur?
Le seruiteur, meschant qui se laisse corrompre
   Par les dons qu'on luy offre, est en danger de rompre
   La foy mesme qu'il doit à son propre Seigneur.

I ij

I'ay confideré tous les labeurs des hommes, & ay cogneu les induftries eftre fubiettes à l'enuie du prochain.　　Ecclef. 4. 4.

Du Chien enuieux, & du Bœuf.

DANS vn pré fus vn foin, vn maftin de village
　Eftoit à fe veautrer, à gronder, à nager,
Quand il void arriuer ce bon Bœuf vfager,
Auquel veut empefcher la moiffon de l'herbage.
Lors le Bœuf le fupplie auec vn doux langage,
　Qu'il fe gardaft tres-bien, qu'il vint à l'outrager;
Luy difant, qu'auffi bien n'en pouuoit-il manger:
Mefme, & qu'il n'auoit rien en tout cét heritage.
Mais quoy que le Bœuf dic, il n'en eft mieux pourtant,
　Car le Chien heriffé arrefte nonobftant:
Que c'eft pour fon plaifir que le foin il referue.
Combien void-on de gens maiftrifer en ce poinct,
　Degaftans tant de biens qui ne leur feruent point,
Et ne veulent fouffrir que nul autre s'en ferue?

L'ame du meschant desire le mal, il n'aura poins pitié de son prochain. Prou.
21. 10. Portez les charges les vns des autres, & ainsi vous accomplirez
la Loy de Christ.   Galat. 6. 4.

DV CHEVAL ET DE L'ASNE.

VN Cheual regardoit vn pauure Asne basté
   Qui portoit son manger, supporter ses brauades,
Et les gaudissemens sur ses membres malades,
Qui le prioient en vain pour leur debilité.
Le pauure Asne y mourut: adonc l'homme irrité,
   Prend tresbien le Cheual, qui faisoit ses gambades,
   Qu'il charge de ce faix, de coups, de bastonnades,
Et de tout l'attirail qu'il auoit merité.
Lors, dit-il, te voilà, qui brauois en ton aise,
   Et qui n'estois esmeu du faix ny du mal-aise,
   Que cét Asne chargé portoit deuant tes yeux.
Ceux-là meritent bien qu'on ne tienne aucun conte
   Du grand fardeau qu'ils ont, quand ils ont bien eu hôte
   De soulager le dos qui trauailloit pour eux.

L'homme qui en douces & sainctes paroles parle à son amy, il estend le rets deuant ses pas.   Prou. 29. 5.

Du Corbeau, & du Regnard.

CE Regnard, qui voyoit au bec de ce Corbeau
 Vne bien bonne part de quelque gras fromage,
Ie voy bien maintenant, dit-il, que ton plumage
Contre le bruit commun, est excellemment beau.
La raison requiert bien amy, que tout oyseau,
 Si (dis-je) à ta blancheur respondoit ton ramage,
 Pour ton merite grand, te vienne faire hommage;
 Et qu'on t'eslise Roy sur eux tout de nouueau.
Alors ce blanc Corbeau en tremoussant croüasse,
 Et le fromage chet, que le Regnard amasse,
 Et laisse là chanter son Corbeau tout honteux.
Tel est l'amadouëment de tout flatteur, qui mange
 Le bien de ces dorez, & friands de loüange:
 Et lors que c'en est fait, il se plaisante d'eux.

Tout Royaume diuiſé contre ſoy-meſme, ſera deſolé, & maiſon cherra ſur maiſon.   Luc 11. 17.

De la Grenoüille, & de la Soury.

DE cét aſpre conflict des Raines & des Rats,
   Qui dura ſi long temps (dont Homere n'a honte
En ſes chants les plus doux d'en reciter le conte)
Il en vint en la paix meſme de grands combats.
Comme vne Raine apres voulant pas ſes appas
   Tirer (pour ſe venger) vne Soury, fort prompte
De luy promettre aſſez, luy dit qu'elle ſe conte
De luy faire en ſon lieu vn magnifique repas.
Mais la Raine noya la Soury miſerable,
   Et flottant ſur les eaux, vn Vaultour effroyable,
   La rauit, & ſon hoſte, à ſes iambes lié.
L'Homme meſchant qui taſche à nuire ainſi ſus terre,
   (Die tant qu'il voudra, qu'on luy auoit fait guerre)
   En la fin perira, ſans aucune pitié.

Adonc iouy vne voix du Ciel, me disant: Bien-henreux sont les morts, qui meurent au Seigneur. Desormais (dit l'Esprit) qu'ils se reposent de leurs labeurs, car les œuures leurs suiuent.   Apocal. 14. 13.

LE CHEVAL DE GVERRE, ET LA TRVYE.

Bien orné de plumart, d'estriers, bride, & selle,
   Seul alloit à la guerre vn Cheual courageux:
   Vne Truye voyant que fort aduantageux
Et hardy se monstroit, comme il passoit l'appelle.
Helas! pauure Cheual, tu t'en va (ce dit-elle)
   Mettre en hazard de mort au combat outrageux:
   Et toy, dit le Cheual, dans ce bourbier fangeux,
   Penses-tu là trouuer vne vie immortelle?
Tu ne vis que bien peu, puis on te met à mort,
   Sans gloire, ny renom; & moy par mon effort,
   Mourant pour mon Seigneur, i'obtiens los perdurable.

Beaucoup ne faisans rien, viuent comme pourceaux:
Et mangent nonobstant les plus friands morceaux:
Et plusieurs par leurs faits, cherchent gloire honorable.

Cõuerſez en crainte, durant le temps de voſtre pelerinage téporel. 1. Pet. 1. 17.
Amis, ie vous ſupplie comme eſtrangers & voyagers, abſtenez-vous de
deſirs charnels, qui bataillent contre l'ame, ayant voſtre conuerſation hon-
neſte entre les Gentils.   1. Petr. 2. 11. 12.

LE REGNARD, ET LE LYON.

LE Regnard veid de loing vn fier Lyon venir,
  Dequoy tout fremiſſant, de la peur qui le preſſe,
  Il ſe mit à fuyr de ſi roide viteſſe,
  Qu'à grand peine on l'euſt ſceu d'vn fort lien tenir.
Autresfois le trouuant, ſe ſceut mieux retenir,
  Entremeſlant ſa crainte auec ſa hardieſſe :
  Mais à la tierce fois ſans crainte à luy s'adreſſe,
  D'autant qu'il le voyoit ſi doux ſe maintenir.
Lors, depuis en auant frequenterent enſemble :
  Ainſi aux eſtrangers peu à peu on s'aſſemble,
  Mais il eſt mal-aiſé de le faire en vn iour.
Vſer diſcrettement de bonne accouſtumance,
  Fait acquerir des Grands priuée cognoiſſance :
  Car (ainſi comme on dit) hantiſe fait l'amour.

L'eſperance de l'hypocrite perira. Iob. 8. 13. *Les yeux des meſchans defau-*
dront, & ne pourront eſchapper, & l'eſperance d'iceux ſera en abomination
à l'ame.   Iob. 11. 20.

Le Lyon, le Sanglier, & le Vaultour.

VN Lyon rencontrant vn Sanglier en ſa voye,
  Se mit à l'aſſaillir bien furieuſement :
Le Sanglier courageux reſiſte vaillamment,
Et combat le Lyon, pour ne luy eſtre en proye.
Vn Vaultour les voyant, ja tout rauy de ioye,
  Eſperoit qu'vn d'iceux mourroit incontinent,
  Et qu'il s'en repaiſtroit à ſon contentement ;
  Mais à les regarder pour neant il s'employe.
Car les deux champions eſtans fort contre fort,
  Tous laſſez de combatre, ayans fait leur effort,
  Ceſſent, & le Vaultour triſte auec faim demeure.
Ceſtuy-là qui attend quelque bien incertain,
  Souuent il eſt deceu d'vn eſpoir trop ſoudain :
  Sage eſt, qui (bien-faiſant) ſur tout en Dieu s'aſſeure.

*L'homme qui a haſte d'eſtre riche, & a enuie ſur les autres, il ignore que
diſette luy ſuruiendra.*   Prou. 20. 22.

Le Loup, & le Regnard.

VN Loup gras plein de biens, en ſon terrier eſtoit:
    Le Regnard le va voir, mais c'eſt pour ſa viande;
Et en parlant à luy, auec fineſſe grande,
Luy demanda, pourquoy les champs il ne hantoit.
Or voyant bien qu'au Loup ce propos deſplaiſoit,
    Au Berger il s'en va, & le luy recommande:
    Monſtrant où il eſtoit, ſans qu'il en fiſt demande,
Dont le Loup fut occis, qui pas ne s'en doutoit.
Le Regnard s'en va lors manger tout à ſon aiſe
    Tout le bien de ce Loup, & ſon deſir appaiſe:
    Mais en s'en retournant, fut des Chiens deuoré.
Ainſi fut-il repeu, aux deſpens de ſa vie:
    Ainſi ſur l'enuieux tombera ſon enuie:
    Et diffamant autruy, ſera des-honoré.

                              K ij

Celuy qui parle ce qu'il sçait est Iuge de Iustice, mais celuy qui ment il est tesmoin plein de fraude. Prou. 1. 12.

Le Regnard prisant la chair du Lievre.

VN Mastin de si prés vn Regnard poursuiuoit
 Qu'il n'eust sceu eschapper, parquoy il se vint rendre
A luy, le suppliant de ne le vouloir prendre,
Et que pour luy manger sa chair pas ne duisoit.
Mais luy monstrant vn Lievre, finement luy disoit,
 Que sa chair il auoit bien plus friande & tendre :
Or le Lievre eschappé, vint le Regnard reprendre,
Luy demandant, pourquoy à tort il l'accusoit.
Non, non, dit le Regnard, mais plustost ie te prise :
 Car ie dy que tu es d'vne nature exquise,
Et que ta chair beaucoup plus que la mienne vaut.
Aucuns pour se garder, autres à tort accusent ;
 Puis feignans d'estre amis finement ils s'excusent :
 Et pourueu qu'ils soient bien, des autres ne leur chaut.

Vien à moy, & ie donneray tes chairs aux volailles du Ciel, & aux beſtes
de la terre. 　　　1. Sam. 17. 44.

Le Taureau, & la Soury.

DE tel orgueil eſtoit enflé ce fier Taureau,
　Qu'en force il n'eſtimoit vn autre à luy ſemblable,
Et luy ſembloit auſſi qu'il eſtoit indomptable,
　Dont il en monſtroit bien le ſigne à ſon muſeau.
Tandis qu'il meditoit cecy en ſon cerueau,
　Vne Soury s'en vient à luy non comparable,
　Et mord bien fort au pied ce Taureau redoutable ;
Puis s'en court en ſon trou, qui luy ſert de chaſteau.
Ce cornu ſautelant, de courroux, & de rage,
　Court pour la deuorer, d'vn furieux courage,
　Mais il ne peut entrer au lieu où elle eſtoit.
Pourtant ne faut-il pas foible eſtimer la force
　De quelconque ennemy, quand à nuire il s'efforce :
　Le petit peut ſouuent nuire au grand, quel qu'il ſoit.

Maintenant voſtre abondance ſubuienne à leur indigence, à fin qu' auſſi leur abondance ſoit pour voſtre indigence, à ce qu'il ait egalité. 2. Cor. 8. 14.

Le Singe, & le Regnard.

LE Singe au Regnard vint, luy faire humble priere,
  Qu'il luy vueille donner de ſa queuë vne part,
Diſant, qu'en ayant moins il ſeroit plus gaillard ;
Auſſi qu'il luy feroit amitié singuliere.
Pour le mieux eſmouuoir, luy monſtroit ſon derriere,
  Tout nud, tout deſcouuert, faiſant le papelard,
Afin qu'il fut couuert, mais le vilain Regnard
Met (en le meſpriſant) ſa requeſte en arriere.
Luy diſant, que ſa queuë en rien ne luy nuiſoit,
  Et n'en vouloit oſter, car toute luy duiſoit :
  Voila comme vn vilain pour n'aſſiſter s'excuſe.
Semblables au Regnard (certes trop de gens ſont :
  Car ayans bien dequoy aux pauures bien ne font,
  Tant l'auare deſir les retient & abuſe.

Mais tous hommes sont vains, esquels n'est point la science de Dieu, & qui n'ont peu entendre celuy qui est par les choses qui sont veuës estre bonnes, & considerant les œuures n'ont pas cogneu celuy qui estoit l'ouurier. Sap. 13.1.

LE LOVP, ET LA TESTE DE L'HOMME.

VN Loup estant vn iour chez vn tailleur d'images,
   Vid vne teste d'homme ouurée exquisement:
Et apres l'auoir prise & tenuë longuement,
Il en fut esbahy sur tous autres ouurages.
Tu passes en beauté (dit-il) maints personnages,
   Mais le principal poinct te deffaut vrayement:
   C'est, qu'il n'y a en toy sens ny entendement,
Dont faire tu ne peux profitables vsages.
Pas n'est tant à priser la beauté d'humain corps,
   Que paroistre l'on void seulement au dehors,
   Que l'esprit bien orné de sagesse & prudence.
Combien que l'Homme soit d'excellente beauté,
   Ne doit estre estimé, si prudence & bonté
   Ne font auecque luy constante residence.

Menſonge eſt mauuais blaſme en l'homme, & ſera continuellement en la bouche de ceux qui ſont en diſcipline.   Eccleſ. 20. 25.

Le Cerf, & la Brebis.

LE Cerf fit la Brebis deuant le Loup venir,
  Et veut que promptement vn muid de bled luy paye,
  Qu'elle me doit, dit-il, dont la Brebis s'eſmaye,
  Diſant, que de la debte elle n'a ſouuenir.
Le Loup dit, qu'il falloit pour de frais s'abſtenir,
  Que la Brebis payaſt : La pauurette s'effraye,
  Promet de ſatisfaire, & le Cerf s'en eſgaye,
  Penſant qu'elle deuoit ſa promeſſe tenir.
Au iour pris, le Cerf vint, cuidant auoir recepte :
  Mais la Brebis dit lors, en luy niant la debte,
  Que promeſſe n'a lieu eſtant forcée ainſi.
Souuent beaucoup de gens font tort par leur puiſſance
  Aux foibles, pour auoir de leurs biens iouyſſance :
  Mais le foible peut bien tromper le fort auſſi.

Faire

Pource auſſi le Souuerain a les pecheurs en haine, & rendra vengeance'aux meſchans.   Ecclef. 12. 6.

La Chevre, & le ieune Loup.

VNe Chevre ſortant de l'eſtable s'en va
    Seule au champ, où vn Loup tout ieune vint à elle,
Qui ſe mit à ſuccer le laict de ſa mammelle:
Auquel vne ſaueur agreable il trouua.
Ainſi par vn long-temps, d'iceluy s'abreuua:
    Nonobſtant toutesfois, ne cherchoit que cautelle,
    Pour la Chevre tromper; qui eſtoit ſi fidelle,
    Qu'oncques (le nourriſſant) elle ne le greua.
Quand le Loup deuint grand, la Chevre lors commence
    A craindre, & ſe garder: car au vray elle penſe,
    Qu'elle nourrit celuy qui ſa ruine veut.
C'eſt vne vertu grande, & auſſi ſalutaire,
    D'eſtre à l'ennemy au beſoin volontaire:
    Mais il ſe faut garder de luy, le plus qu'on peut.

Les paroles des meschans sont embusches au sang : mais la bouche des iustes les deliurera.   Prouerb. 12. 6.

Le Chat, & le Poulet.

AV Poulet s'en vint vn Chat malicieux,
  Et le grippe tres-bien, disant, que par droiture
Il auoit merité de souffrir la mort dure,
Pour la punition de son fait vicieux.
Car tu iuches, dit-il, ie l'ay veu de mes yeux,
  Sur ta mere & ta sœur : ô grande forfaiture !
  Puis tu cries si haut durant la nuict obscure,
  Que plusieurs en t'oyant deuiennent ennuyeux.
Le Poulet s'excusant, dit qu'à mal il ne pense,
  Ains suit son naturel : mais sans plus d'audience,
  Le Chat le fit mourir, & de luy se repeut.

Le meschant, qui d'autruy veut la mort ou dommage,
  S'il n'a pas droict sur luy pour le nuire dauantage,
  Par force & à grand tort il le fera, s'il peut.

L'homme fin voyant le mal, il se cache : mais les lourdauts passent outre, & en reçoiuent dommage.   Prouerb. 27. 12.

Le vieil Chat, & les Souris.

CE Chat pour son vieil aage estant plein de vieillesse,
   Ne sçauoit plus courir, pour auoir promptement
Les Rats & les Souris à son commandement;
   Qui auoient desia pris fort grande hardiesse.
Parquoy en s'aduisant de nouuelle finesse,
   Dans vn coffre se va mettre tout coyement,
   Pour viure desormais vn peu plus aisément,
   Laissant Rats & Souris s'esiouyr en liesse.
Ah! dit-il, les voyant, bien ie vous tromperay,
   Puis qu'approchez si prés, ie vous attraperay :
   Ainsi l'vn apres l'autre estoient pris en la place.
Necessité contraint quand la force deffaut,
   De chercher le moyen comme ayder il se faut :
   Car souuent (comme on dit) science force passe.
L ij

Et le Roy Ioas n'auoit aucune ſouuenance de la miſericorde, que Ioada pere
de ceſtuy auoit fait auec luy.   Paralip. 24. 22.

Le vieil Chien, & ſon Maiſtre.

VN Chien eſtant venu à l'aage de vieilleſſe,
   De ſon Maiſtre ſouuent de grands coups receuoit:
Pource que deſormais plus chaſſer ne ſçauoit,
   Ainſi qu'il auoit fait le temps de ſa ieuneſſe.
Le Chien ſe voyant faire vne telle rudeſſe,
   D'auoir quelque ſupport ſon Seigneur il prioit:
   Mais c'eſtoit bien en vain qu'abboyant il crioit:
   Car on n'eut pas pourtant eſgard à ſa foibleſſe.
Ie voy bien dit alors le miſerable Chien,
   Que c'eſtoit ton profit, ſi tu m'as fait du bien,
   Mais i'en ay maintenant bien pauure recompenſe.
A pluſieurs ſeruiteurs tout ainſi en aduient,
   Quand ils ne font plus rien, d'eux plus conte on ne tient:
   Le ſeruice des Grands n'eſt pas tel qu'on penſe.

L'homme misericordieux fait bien à son ame, mais celuy qui est cruel debouta aussi les prochains.   Prou. 11. 17.

Le Laboureur, & ses chiens.

L'Hyuer vn Laboureur ayant necessité,
  Ses bestes pour manger, l'vne apres l'autre il tuë:
Voire-mesme à la fin les Bœufs de sa charruë,
Oubliant qu'il deuoit par eux estre assisté.
Ses Chiens tous estonnez par vn tel procedé,
  Disoient: si nostre Maistre à tuer s'euertuë
  Ceux dont il a besoin, à craindre est qu'il ne ruë
De semblable façon sur nous sa cruauté.
Gardons-nous donc en temps de sa main dangereuse,
  Pour ne mourir ainsi d'vne mort malheureuse:
  Souuent le bon seruice est mal recompensé.
Bien mal aux estrangers peut-il estre amiable:
  Qui mesme vers les siens se monstre impitoyable:
  Partant, il faut fuyr vn tel homme insensé.

L. iij.

Mais chemine ainsi que Dieu luy a departy, chacun dis-je comme le Seigneur
l'appelle. Et ainsi i'ordonne en toutes les Eglises.   1.Cor.7.17.

L'Asne, & ses trois Maistres.

COmme vn pauure Asne estoit seruant vn Iardinier,
  Qui le battoit, dit-il, à Iupiter supplie :
Pour vn maistre nouueau, & que point il n'oublie
A luy en bailler vn, qui soit plus familier.
Iupiter aussi-tost luy bailla vn Tuillier,
  Qui sous pesans fardeaux de plus grands coups le lie :
Il prie derechef qu'à vn autre il l'allie ;
  Lors Iupiter luy baille vn Conroyeur grossier.
Cestuy-là ne faisoit que de coups le repaistre,
  Dont l'Asne bien dolent d'auoir changé de Maistre,
Dit, que chez le premier tout le mieux il s'aymoit.
Qui est bien par raison, et change à l'auenture,
  Puis apres s'il endure vne peine plus dure,
  Lors il prise cela que deuant il blasmoit.

Tous ceux icy (manouuriers) ont eu esperance en leurs mains, & vn chacun est sage en son art.   Ecclef. 38. 95.
Ils ne seoirront point sur le siege du Iuge.   Ecclef. 38. 37.

L'Asne, le Bœuf, la Mule, & le Chameau.

L'Asne, le Bœuf, la Mule, & aussi le Chameau,
Ensemble se plaignoient d'estre esclaues de l'homme:
Et mesme qu'en courant de coups on les assomme,
Dont l'Asne se faschoit d'endurer tel fardeau.
Ie veux estre (dit-il) pour vn plaisir nouueau,
De la Mule porté, sans plus trauailler comme
I'ay fait iusques icy: Or le Chameau en somme,
Et le Bœuf pour manger, endurent ce fleau.
Qui est propre au trauail, oisif il ne doit estre,
Ains pour gaigner la vie à l'ouurage se mettre,
Dont l'Asne ne fait conte, & si veut bien manger.
Aucuns sont tant grossiers qu'ils ne sçauent rien faire,
Fors labourer la terre, & ne s'y veulent plaire,
Aymans mieux estre oisifs qu'à l'œuure se ranger.

Si l'Ethiopien peut muer sa peau, ou le Leopard ses diuerses couleurs, aussi pou-
rez-vous bien faire quand vous aurez apprins le mal. Ierem. 13. 23.

Le Basteleur, le Singe, & le Marmot.

POur attraper argent, vn Basteleur assez sage,
   Vn Singe & vn Marmot si bien appris auoit
A danser & sauter, comme faire il sçauoit,
Qu'on prenoit grand plaisir à voir leur bastelage.
Vne femme estant là estoit d'assez ieune aage,
   Ayant sur ses genoux des noix qu'elle cassoit:
   Le Singe la voyant ainsi comme il dançoit,
   Droict à elle s'en va, pour en faire partage.
Il prend le deuanteau, & cherche, le leuant,
   Dont la femme eut plus peur, que de ioye deuant:
   Mais croyez, qu'il y eut de tous belle risée.
Quand la personne aussi laisse son bon sçauoir,
   Et suit son naturel, pour son plaisir auoir,
   Merueille ce n'est pas, s'elle en est mesprisée.

Ne s'asseure

Celuy qui rend maux pour biens, le mal ne se partira point de sa maison,
Prouerb. 17. 13.

L'ADOLESCENT, ET L'ARONDELLE.

VN ieune fils ayant tout son bien despendu,
    N'auoit plus qu'vn habit, qui estoit sa vesture,
Voyant vne Arondelle à voller d'auenture,
    Iusques à sa chemise a le reste vendu.
L'Esté vient, pensoit-il, ainsi l'ay-je entendu :
    Mais contre son espoir reuint grande froidure,
    Qui martela son corps d'vne force si dure,
    Que d'angoisse il en fut transi & morfondu.
Et regardant l'Aronde à demy (de froid) morte,
    Ah! dit-il, c'est par toy qu'auons douleur si forte,
    Ta venuë m'a fait croire trop tost l'Esté.
Celuy qui en effect veut mettre quelque affaire,
    Il y doit bien penser premier que de le faire,
    On est souuent deceu par sa hastiueté.

La fureur d'yurongnerie est l'offence de l'imprudent, amoindrissant la force, & causant playes.   Ecclef. 31. 38.

LE CERF YVRE.

ICy notable exemple, ô yurongnes, prenez
  A ce Cerf, qui fautant apres fa beuuerie,
La iambe fe rompit par fon yurongnerie,
Tombant parmy vn tronc : cecy bien retenez.
Il faifoit les gobelets remplis de vin tous nets,
  Quand fon maiftre appelloit aucune compagnie :
  Mais il prit fon mal-heur en telle vilainie,
  Qu'onc depuis ne beut qu'eau, ainfi vous abftenez.
Ce Bacchus (deformais) ne vueillez plus enfuiure ;
  Car doux femble le boire auec quoy il enyure :
  Mais le gouft en deuient à la fin trop amer.
Certes yurongnerie eft vilaine & infame,
  Elle gafte le corps, & fi fait pĕrdre l'ame :
  Qui bien y penferoit, ne la deuroit aimer.

Si tu possedes vn amy, possede-le en tentation, & ne te fie pas en luy de leger. Ecclef. 6. 7.

L'OYSELEVR, ET LA PERDRIX.

VNe Perdrix estant par vn Oyseleur prise,
  Prioit d'estre laschée, & qu'elle ameneroit
De ses semblables tant en sa ret, qu'il seroit
Content, & fort ioyeux d'auoir creu sa deuise.
Non, respond l'Oyseleur, hors tu ne seras mise:
  Qui veut faire à autruy cela qu'il ne voudroit
  Qu'à luy-mesme fut fait, il merite (à bon droit)
  D'estre pris au filet de sa mesme entreprise.
Puis donc que ie te tien maintenant en ma main,
  Et sçachant ton vouloir, sans attendre à demain,
  La mort tu receuras pour ton iuste salaire.
Si on punissoit ainsi en chacune saison,
  Celuy qui entreprend de faire trahison,
  Aux traistres ce seroit vn exemple vulgaire.

Quand tu seras assis pour manger auec le Prince, considere diligemment
les choses qui sont mises deuant toy.   Prou. 23. 1.

LA PERDRIX, ET LES COQS.

QVelque bon Laboureur vne Perdrix achette,
    La porte en sa maison, au Poulaillier la met
Auprés des Coqs, & là vn murmurant caquet,
    Auec grands coups de becs luy tombent sur la teste.
Cela ne luy pleut pas, ny la place mal nette:
    Mais peu de temps apres, de coustume il eschet,
    Que les Coqs se battoient, dont sur le cœur luy chet,
    Qu'elle se pouuoit bien de souffrir tenir preste.
Si ces Coqs (disoit-elle) estans d'vn naturel,
    Souuent l'vn contre l'autre ont debat si cruel,
    Ie puis bien prendre en gré la peine que i'endure.
Ainsi faut-il apprendre à porter doucement
    La haine des peruers, qui coustumierement
    Chargent autruy à tort, de querelle & d'injure.

LE LABOVREVR, ET LA CIGOIGNE.

VN Rusé Oyseleur, pour prendre Oyes & Gruës,
　　Va tendre ses filets finement à couuert,
Pource qu'elles venoient manger son bled en verd
　　Il fit tant, qu'à la fin elles furent tenuës.
Tandis qu'il attendoit des autres les venuës,
　　Vne Cigoigne vint dans le filet ouuert,
　　Qui fut prise : & alors de priere se sert,
　　Pour pouuoir librement s'enuoler vers les nuës.
Ie ne te fis (dit-elle) oncques dommage en rien,
　　Laisse-moy donc aller : Tu mourras aussi bien,
　　Respond le Laboureur, puisqu'icy ie te trouue.
On doit soigneusement des meschans s'estranger,
　　Craignant d'estre surpris auec eux au danger
　　De la punition, que vengeance leur couue.

M iij

Et cét homme-là contemploit, sans sonner mot, pour sçauoir si le Seigneur auoit donné bon-heur à son voyage, ou non.   Genes. 21. 14.

LA BREBIS, ET LE LOVP.

CEste pauure Brebis estant du Loup chassée,
    Fait tout ce qu'elle peut pour de luy eschapper:
Elle court si long-temps, se gardant de chopper,
Que dans vne Chappelle ouuerte s'est lancée.
Puis dedans vn autre huis elle s'est aduancée,
    Et le Loup pas à pas, qui la pense happer,
    Luy-mesme au mesme lieu s'est venu attraper,
    Animant contre luy sa poursuite insensée.
Car de grande roideur si auant se fourra,
    Qu'en tournant ferma l'huis, & dedans s'enserra,
    Dont plus à la Brebis de nuire il n'eut enuie.
Ces engouleurs aussi, qui tousiours voudroient bien
    Deuorer l'innocent, & ne luy laisser rien,
    Sont à la fin surpris de leur rage assouuie.

Donne au Souuerain selon qu'il t'a donné : & say en bon œil l'inuention de tes mains. Ne vueille point offrir mauuais dons : car il ne les receura point: Et ne t'adonne à faire sacrifice iniuste.   Ecclef. 35. 10. 12. 23.

IVPITER, ET LE SERPENT.

IVpiter celebrant vn conuiue excellent,
   Y prie tous les Dieux, pour faire plus grand'feste :
   Mesme de chacun genre y arriue vne beste,
   Pour faire à ce grand Dieu quelque honneste present.
Vne rose vermeille y porte le Serpent,
   Et luy va presenter ; mais Iupiter rejette
   Le donneur & le don, & des autres accepte
   Tous les presens, desquels il se tient fort content.
Apres il dit tout haut (faisant à tous entendre)
   Que des mauuais ne faut iamais aucun don prendre :
   Tel donne aucunefois, que c'est pour deccuoir.
Ainsi celuy qui dresse au Seigneur sa priere,
   Estant plein de malice, il est mis en arriere :
   Ce n'est pas tel present que Dieu veut receuoir.

En quoy communiquera le chauderon auec le pot de terre, car quand ils s'en-
tre-heurteront, le pot sera rompu. Ecclef. 33.

LE LYON, LE RENARD, ET L'ASNE.

LE Lyon, le Regnard, & l'Afne alloient chaffer,
 Pour auoir quelque proye enfemble; & l'ayant prife,
 L'Afne de la partir entr'eux fit entreprife,
 Dont le Lyon fafché va l'Afne defpecer.
Puis il dit au Regnard, fans plus outre-paffer,
 Qu'en deux parties fuft par luy la proye mife:
 Le fin Regnard faifant la charge à luy commife,
 Voulut la plus grand' part au Lyon compaffer.
Vien-ça, (dit le Lyon) mais qui t'a fait fi fage?
 Le mal d'autruy (dit-il) m'en a efté prefage:
 Craignant d'eftre traitté comme cét Afne-là.
Auec plus grand que foy iamais ne fe faut mettre,
 Y penfant eftre franc, ny courroucer fon maiftre:
 Sage eft qui fe fçait bien gouuerner en cela.

Ne s'eftimer

Mieux vaut le patient que l'homme fort, & celuy qui domine ſur ſon courage, vaut mieux que celuy qui conqueſte les villes.   Prou. 26. 32.

L'Aſne chargé de bois, & le Cheual.

L E pauure Aſne eſtimoit vn Cheual bien-heureux,
   D'autant qu'on le tenoit en eſtat magnifique :
  Et luy qu'eſtant chargé, ſans repos on le pique ;
  Dont il ſe reputoit beaucoup plus mal-heureux.
Or aduint qu'on mena ce Cheual vigoureux,
   Bien armé de tout poinct, à quelque guerre inique :
  L'Aſne à conſiderer diligemment s'applique,
  Voyant dompté celuy, qui meſme eſt rigoureux.
Ah ? dit-il, i'ayme mieux eſtre humble Aſne à l'ouurage,
   Que Cheual à la guerre, auec vn fier courage ;
  Où il ne faut qu'vn coup pour y eſtre abbatu.
L'heur ne giſt pas touſiours en richeſſe ou puiſſance :
   Le pauure eſt plus heureux, quand il a ſuffiſance,
  Eſtant bien reueſtu de conſtante vertu.

Si aucun estranger habite en vostre terre, & demeure entre vous, vous ne luy reprocherez point.   Leuit. 19. 33.

Le Coq de Flandres, & le Coq d'Inde.

EN Flandres fut vn Coq superbe, & fort ialoux,
   Qui en se promenant, & brauant au possible,
Rencontra vn Coq d'Inde, amiable & paisible,
Dont il fut tout esmeu, & troublé de courroux.
Aux Poules & Poulets le Coq d'Inde estoit doux,
   Et conuersoit auec sans leur estre nuisible;
Mais le Flandrois luy fit vn combat si terrible,
   Que les Poules n'osoient approcher pour les coups.
Le Coq d'Inde voyant qu'en paix n'eust sceu là estre,
   Va chercher autre lieu, pour en repos se mettre,
Estimant bien-heureux qui est en sa maison.
Aucuns sont si peruers, & si chargez d'enuie,
   Qu'vn estranger ne peut chez eux gaigner sa vie,
Tant ils sont estrangez d'equitable raison.

Si i'ay gardé iniqnité en mon cœur, le Seigneur ne m'exaucera point.
Pſalm. 95. 18.

Le Milan malade.

COmme vn Milan eſtoit au lict tout languiſſant,
  Pour le mal qu'il ſentoit, il appelle ſa mere:
    A laquelle il a dit, auec douleur amere,
    Qu'elle priaſt pour luy le Seigneur tout-puiſſant.
I'ay beſoin de ſanté, dit-il, en gemiſſant:
  Mais ſa mere reſpond d'vne voix bien ſeuere,
  Dieu (dit-elle) punit cil qui ne le reuere,
  Et qui n'eſt à ſa Loy fidele obeyſſant.
Or tu l'as meſpriſé, & commis grande offenſe,
  Les Temples violant: pourtant doncques ne penſe
  Que Dieu faſſe mercy, quand on l'offenſe ainſi.

Qui Dieu ne recognoiſt en toute reuerence,
  Des bien-faits qu'il reçoit en ſa conualeſcence,
  Dieu le delaiſſe auſſi en ſon triſte ſoucy.

Le pere du iuste se resiouyt de ioye: & celuy qui a engendré le sage se resiouyra
en iceluy.   Prouerb. 23. 24.

La vieille Cigoigne.

AV monde n'est Oyseau qui ait vn tel soucy
    D'esleuer ses petits d'vn amour fauorable,
  Que la Cigoigne fait, tant elle est pitoyable,
  Comme en les nourrissant bien elle monstre aussi.
Car si soigneux deuoir elle fait en cecy,
    Qu'à ses petits en laisse exemple memorable,
  Pour bien se souuenir à faire le semblable;
  Et qu'on doit au besoin s'ayder l'vn l'autre ainsi
Les ieunes retenans l'amiable nature
    De leur pere & leur mere, ils prennent aussi cure
  A les entretenir, quand en vieillesse ils sont.

La personne doit bien faire toute assistance
  A pere & mere, alors qu'ils en ont indigence,
  Veu que les Oyseaux mesmes, à leurs parents le font.

*L'homme à qui Dieu a donné richesses & cheuance & honneur, & n'y a rien qui
defaille à son ame de toutes les choses qu'elle desire : & toutefois Dieu ne luy
a pas donné puissance d'en pouuoir manger ; mais vn homme estrange le de-
uorera : ceste chose est vanité, & tres-grande misere.*   Ecclef. 6. 2.

L'Asne chargé de viande & breuuage.

CE pauure Asne chargé de bonne nourriture,
  Tant boire que manger, se crauante à porter
Pour en nourrir autruy : mais pour se sustanter,
De chardons & d'eau paist sa seruile nature.

Vn Pinsse-maille aussi, qui prend peine si dure,
Sans aise ne repos, pour ses biens augmenter :
En quel plaisir luy peut son deuoir profiter,
Veu qu'auec ses grands biens pauureté il endure ?

On void communément qu'il en aduient ainsi,
  Qu'vn tel est si chagrin, & si plein de soucy,
  Que de son propre bien n'a plaisir ne seruice.

Et peut estre vn prodigue à la fin iouyra
  De ce qu'à grand trauail amassé il aura :
  Voilà le plaisant fruict de la serue auarice.

Le meschant sera debouté pour sa malice : mais le iuste espoir en sa mort.
Prouerb. 14. 32.

Le Cigne, & la Cigoigne.

QVand le Cigne se void approcher de sa mort,
 Il se met à chanter d'vne voix nompareille :
Dont la Cigoigne estant esbahie à merueille,
Luy demande pourquoy il s'esiouyt si fort.
Ce n'est (dit-il) en vain que ie pren reconfort,
 Et ne faut ja pourtant que nul s'en esmerueille,
 Car ie sens mon repos qui prochain s'appareille,
 Pour me tirer d'vn lieu comblé de desconfort.
I'ay esté en peril tout le temps de ma vie,
 Laquelle n'a esté qu'à trauail asseruie,
 Et maintenant la mort finira mes trauaux.
Ainsi se doit tousiours preparer la personne
 A volontiers mourir, quand le Seigneur l'ordonne :
 Car tant plus elle vit, plus elle fait de maux.

A sçauoir que vous ostiez le vieil homme, quans à la conuersation precedente,
lequel se corrompt par les concupiscences qui seduisent . Ephes. 4. 22.

L'Oyseau Phœnix.

L E seul oyseau Phœnix, à la fin de sa vie,
　　Apres auoir vescu six cents & soixante ans,
Vn arbre va choisir, quand il sçait qu'il est temps,
Auprés d'vne fontaine, pour y finir sa vie.
Où pour faire son nid, tel qu'il en a enuie,
　　Casse branches d'encens, & rameaux bien sentans,
Et autres odeurs prend, à luy se presentans,
Dedans son beau pays de l'heureuse Arabie.
De ses aisles apres son nid il bat si fort
　　Au Soleil, qu'il se brusle : puis de ses cendres sort
Vn ver, qui en Phœnix apres se renouuelle.
Cecy peut demonstrer que Iesus s'est offert
　　A son Pere, en son temps : puis ayant mort souffert,
Sa Resurrection nous rend vie nouuelle.

EPILOGVE DE CE LIVRE.
SONET.

AYmez Iustice, vous qui la terre iugez,
  Et si vous abondez en richesse mondaine,
  N'y mettez vostre cœur : mais fuyant chose vaine,
  Faites droict deuant Dieu, aydant les affligez.

Et imitant le bien, du mal vous estrangez :
  Car (ainsi comme dit la Bonté souueraine)
  Le iuste fleurira (sa parole est certaine)
  Comme la Palme fait : en ce vous soulagez.

Exercez donc Iustice, & ce qu'elle commande,
  Rendant à vn chacun le droict qu'il vous demande ;
  Et vous serez de Dieu & des hommes amis.

Pour exemple, suiuez la Cigoigne amiable,
  Qui d'vn droict naturel, certes bien admirable,
  De son nid tous les ans disme vn de ses petits.

F I N.